Christian Suhr

Deutsche Lastwagen-Klassiker

Fotos von Ralf Weinreich

Deutsche
LASTWAGEN-KLASSIKER

Christian Suhr / Ralf Weinreich

Impressum

Einbandgestaltung: Wolfgang Seidel

Fotonachweis:
Alle Fotos stammen von Ralf Weinreich, Halle/S.

ISBN 978-3-613-02718-3

Copyright © by Motorbuch Verlag, Postfach 10 37 43
70032 Stuttgart
Ein Unternehmen der Paul Pietsch Verlage GmbH + Co
1. Auflage 2007

Sie finden uns im Internet unter:
www.motorbuch-verlag.de

Eine Haftung des Autors, des Verlags und seiner Beauftragten für Personen-, Sach- und Vermögensschäden ist ausgeschlossen.

Das Urheberrecht und alle weiteren Rechte sind dem Verlag vorbehalten. Nachdruck, auch einzelner Teile, ist verboten. Übersetzung, Speicherung, Vervielfältigung und Verbreitung einschließlich Übernahme auf elektronische Datenträger wie CD-ROM, Bildplatte usw. sowie Einspeicherung in elektronische Medien wie Bildschirmtext, Internet usw. sind ohne vorherige schriftliche Genehmigung des Verlags unzulässig und strafbar.

Lektor: Halwart Schrader
Innengestaltung: ERWE-WERBUNG, Halle/S.
Druck und Bindung: Fortuna Print Export,
85101 Bratislava
Printed in Slovac Republic

Inhalt

Vorwort 6

Tempo Matador 1400

Vier Räder für ein Wirtschaftswunder
8

Hanomag L 28 (2,5 to)

Auf verschlungenen Wegen
18

Opel Blitz 1,75 to

Opel – der Zuverlässige
28

Hanomag Kurier

Flotter Bote
38

Mercedes-Benz L 312

Glücksmomente
46

Inhalt

Magirus Sirius
Griff nach den Sternen
56

Henschel HS 12 HL
Auf ewig verbunden
66

Krupp Tiger
Den Tiger nicht nur im Tank
78

Faun L 8/56
Exot in der Königsklasse
88

M.A.N. 735 L 1
Weiß-Blau gesattelt
96

Mercedes-Benz LP 334
Gaggenauer Schwergewicht
104

Krupp LF 901
112

M.A.N. 10.210 T.FS
Die Pausbacke
120

Henschel HS 16 TS
Kubisches auf Französisch
128

Büssing BS 16 L
Grenzgänger
136

Kaelble K 632 ZB/15
Culemeyers Liebling
146

Quellenverzeichnis
158

Vorwort

Mit dem Symbol des Wirtschaftswunders: Christian Suhr (rechts) und Ralf Weinreich (links).

Ohne Zweifel hat sich der kleine Kreis „Verrückter", der sich einer recht ungewöhnlichen Marotte hingab, nämlich der Pflege und Erhaltung alter Lastwagen, zu einer riesigen Szene entwickelt. Was in den siebziger Jahren kaum jemand für möglich gehalten hatte, nämlich dass man innerhalb dieser Gemeinschaft zum Beispiel mehrere Fachzeitschriften etablieren kann, dass fast wöchentlich irgendwo in Deutschland ein Nutzfahrzeugtreffen stattfindet, dass große Hersteller die Bedeutung ihrer Geschichte erkennen würden (oder zum Teil sicher noch erkennen werden), dass es mittlerweile eine große, wenn auch nicht lückenlose Anzahl von Büchern zur Nutzfahrzeuggeschichte gibt und dass Restaurierungsbetriebe ausschließlich für die Reparatur historischer Lastwagen und die Nachfertigung von Ersatzteilen entstehen würden – dies alles ist heute Realität. Die Lastwagen-Szene, die man im Bereich der Nutzfahrzeuge durchaus als einen Schrittmacher bezeichnen darf, hat auch geholfen, weitere „Lawinen" loszutreten. Man denke nur an historische Traktoren, Bagger oder Baumaschinen, die heute bei Veranstaltungen oftmals ein interessantes Rahmenprogramm liefern.

Nachdem die Klassiker-Reihe des Motorbuch Verlages vor allem über die Produkte der einstigen DDR-Automobilindustrie vom Motorrad bis hin zu Schleppern eine großartige Resonanz gefunden hat, ist es an der Zeit, auch die Fabrikate der frühen Bundesrepublik in

Vorwort

dieser Reihe zu würdigen. Hier sind es in erster Linie die Lastwagen der „Wirtschaftswunder"-Ära, der legendären sechziger Jahre, aber auch zunehmend die kubischen Formen der wilden Siebziger, die bei Freunden historischer Lastwagen hoch im Kurs stehen. Sie sollen im vorliegenden Band noch einmal vorfahren, so, wie sie der Leser einst auf der Straße gesehen hat. Zugegebenermaßen sind auch einige der hier vertretenen Exemplare heute in einem besseren Zustand, als dies der raue Einsatz einst zuließ. Dennoch wurde bei der Auswahl in bewährter Manier nicht nur Wert auf ausgeglichene Repräsentanz von Marken, Größenklassen, Epochen und Einsatz gelegt, sondern auch auf eine reizvolle Mischung aus Patina und Vollrestaurierung.

Um der Kritik gleich Einhalt zu gebieten, zu den deutschen Lastwagen-Klassikern der Nachkriegszeit würden ja auch die ostdeutschen Modelle zählen, sei darauf verwiesen, dass diese bereits in einem separaten Band behandelt wurden. Die vorliegende Veröffentlichung soll daher ausschließlich den westdeutschen Fabrikaten vorbehalten sein. Dass sich unter den gezeigten Veteranen auch einige in der Hand ostdeutscher Sammler befinden, sei am Rande vermerkt. Gelegentlich verschanzen sich noch beide Lager der deutschen Nutzfahrzeugfreunde hinter der getrennten Geschichte ihrer favorisierten Produkte.

Für die Entstehung dieses Bandes war wieder einmal die Bereitwilligkeit und der persönliche Einsatz einer Anzahl von Fahrzeugbesitzern notwendig, um nicht nur deren Schmuckstücke zeigen zu können, sondern auch die Plätze mit passendem Ambiente aufzusuchen. Einige legten Hunderte von Kilometern zurück, um beispielsweise vor den Abfertigungsgebäuden der ehemaligen Zonengrenze abgelichtet zu werden. Allen Mitwirkenden sei an dieser Stelle herzlichst gedankt. Möge dieses Buch ihnen und all denen, die sich um den Erhalt historischer Lastwagen verdient machen, gewidmet sein.

Christian Suhr aus Reichenbach/V.
und Ralf Weinreich aus Halle/Saale

Der Zweite Weltkrieg endete nicht nur mit der Niederlage und Teilung Deutschlands. Trotz unsäglichen Leides und zerstörter Städte war eine neue freiheitliche Ordnung in den drei Westzonen das Fundament, das den Willen zum Wiederaufbau in ein „Wirtschaftswunder" übergehen ließ. Vieles wurde besser, moderner und schöner. Warum sollten da Lieferwagen weiter auf drei statt vier Rädern fahren?

Die Frontansicht erinnert doch stark an einen der legendären Bosch-Kühlschränke.

Diese Frage musste sich auch Dietrich Bergst, Chefkonstrukteur des Tempo-Werkes Vidal & Sohn, stellen lassen. Ohne wissen zu können, dass die 1947 noch recht düstere Lage Deutschlands wenig später in eine neue Blüte übergehen würde, lautete die Aufgabe von der Geschäftsleitung an das Entwicklungsbüro, einen vierrädrigen Transporter zu entwickeln. Das im Hamburg-Harburg ansässige Lieferwagen-Werk war bis dahin für seine dreirädrigen Kleinlieferwagen – so kann man gewiss sagen – weltbekannt. Dabei hatten die Kaufleute Max und Oscar Vidal ursprünglich ganz anderes vor, als Transporter zu bauen. Einst als mittellose und verfolgte Hugenotten auf der Flucht aus Frankreich in die Hansestadt gekommen, widmete sich die Familie dem Weinhandel, besaß in besten Zeiten sogar eine eigene Reederei. Doch 1883 schien jene Hochzeit bereits wieder beendet zu sein, Vidals Schifffahrts-Unternehmen musste liquidiert werden. Erneut aus bescheidensten Anfängen heraus gelang es der nächsten Generation unter Max Vidal, ein florierendes Kohlengeschäft aufzubauen. Nach Absolvierung einer Kaufmännischen Lehre in England unterstützte ihn sein Sohn Oscar bei den Geschäften.

Die Beschränkung von Kohleeinfuhren nach dem Ersten Weltkrieg sorgte abermals für einen Geschäftsniedergang der Kaufmannsfamilie Vidal. Noch rechtzeitig beschloss das Familienoberhaupt, den Kohlenhandel aufzugeben und den Erlös in eine zukunftsträchtigere Sparte zu investieren. Zweifellos entging Max und Oscar Vidal nicht die allgemein zunehmende Motorisierung. Im speziellen aber interessierte sie die traditionsgemäß in ihrer Branche übliche, sogenannte „schottsche Karre". Sie war bis dahin aus dem gesamten Hafentransport nicht wegzudenken, wurde seit einiger Zeit aber zunehmend durch kleine, dreirädrige Lastenkarren verdrängt, die motorisiert waren. Aber mit den Überlegungen für ein Engagement auf solch einem Betätigungsfeld kam es zwangsläufig zu Bedenken. Zum einen gab es bereits eine Anzahl kleiner Firmen wie Komet, Ko-Fu, Merkur oder Rollfix, die erfolgreich am Markt waren. Zum anderen besaßen die Vidals in dieser Sparte keinerlei Erfah-

Die vergleichsweise niedrige Pritsche erleichterte das Be- und Entladen erheblich. Denn noch bestimmten Sackkarre und Muckis den Ladevorgang. Selbst Gabelstapler waren eher die Ausnahme.

rungen, Produktionseinrichtungen oder Handelsbeziehungen. Dennoch schien dies ein noch zu bestellenden Feld zu sein, angesichts mehrheitlich unausgereifter, primitiver Vehikel, die sich vergleichsweise leicht verkaufen ließen. Auch lockten Führerschein- und Steuerfreiheit, jenes anspruchsloses Transportmittel flächendeckend in Handel und Gewerbe zu verbreiten.

Also verkauften die Vidals 1928 ihr Importgeschäft für Kohlen samt Löschanlage in Altona, behielten nur noch den Großhandel und begaben sich auf die Suche nach einem Hersteller für Dreiradkarren, bei dem sie investieren konnten. Zunächst übernahmen sie den Exklusivvertrieb für eine Dreiradkonstruktion, die der Eidelstedter Schlossermeister Ehlers seit zwei Jahren baute. Fast wäre jener Schritt den erfahrenen Handelsleuten zum Verhängnis geworden. Nach kurzer Zeit wurde nämlich erkennbar, dass der Geschäftspartner unzuverlässig war und nicht lieferte, nachdem er das Startkapital zum Tilgen seiner Schulden

Eine gewisse Gelenkigkeit war nötig, wollte man im Fahrerhaus Platz nehmen.

Das Interieur bot einen recht aufgeräumten Eindruck. Es war alles vorhanden, was ein Auto braucht, aber auch nicht viel mehr. Dafür saß der Fahrer, vor Wind und Wetter geschützt, im Trocknen.

Wer hinter der Kühlschranktür den Motor vermutete, wurde bitter enttäuscht. Für Reparatur- und Wartungsarbeiten am Motor mußte erst die Sitzbank ausgebaut werden.

verwendet hatte. Von Anfang an unter dem Namen „Tempo" vertrieben, besaßen die Dreiräder entweder einen 200 ccm-Motor des Berliner Motorenherstellers Rinne mit Sturmey-Archer-Dreigang-Getriebe (ohne Rückwärtsgang) oder einen größeren mit 440 ccm und Hurth-Getriebe. Beide Einzylindermotoren basierten auf dem Zweitaktprinzip, der kleinere war verdampfungs-, der größere luftgekühlt. Der Kunde hatte also die Wahl, sich für 5 oder 9 PS Leistung zu entscheiden.

Nach recht gut angelaufenen Geschäften sahen sich Max und Oscar Vidal jedoch einer Flut von Reklamationen gegenüber und mussten feststellen, dass auch die Rinne-Konstruktion nichts taugt. Fehlender Sachverstand wurde ihnen beinahe zum Verhängnis, wäre ihnen nicht ein genialer Techniker namens Otto Daus begegnet. Volles Vertrauen und freie Hand ihm gegenüber zahlten sich endlich aus. Daus schuf nicht nur eine neue Konstruktion, die er von seinem vorherigen Arbeitgeber Rollfix mitbrachte, und besänftigte die gestrandete Kundschaft, sondern kümmerte sich auch um eine eigene Fertigung. Noch 1929 gelang es,

Tempo Matador 1400

Vier Räder für ein Wirtschaftswunder

die zuvor an zwei Betriebe vergebene Lohnfertigung selbst aufzuziehen. In Wandsbek bezog man eine ehemalige Papierwarenfabrik als erste eigene Fertigungsstätte.

Zunächst als Vorderlader, dann ab 1933 auch mit dem Antriebsrad vorn und Pritsche hinten, wuchs die Erfolgsgeschichte von Tempo. Als Motorenlieferant setzte sich die einst als Norddeutsche Maschinenfabrik GmbH gegründete, jedoch ab 1930 unter „ILO" bekannt gewordene Pinneberger Marke durch. Noch Ende 1930 hatte sich die Familie Vidal über inzwischen sage und schreibe 1000 verkaufte Tempo-Dreiräder gefreut, 1937 konnte man auf stolze 25.000 Fahrzeuge zurückblicken. Diese kamen inzwischen aus einer neuen Fabrik in Hamburg-Harburg.

Mit dem Tode des Gründers Max Vidal im Jahre 1936 umfasste das Tempo-Programm erstmals einen vierrädrigen Lieferwagen. Erfolgsmodelle blieben aber weiterhin die klassischen Tempo-Dreiräder mit Ein- oder Zweizylinder-ILO-Zweitakter und 7 beziehungsweise 12,5 PS Leistung. Die mögliche Zuladung betrug beim kleinen 600, beim größeren Modell bis zu 900 kg je nach Aufbau. Vom größeren Tempo-Dreirad

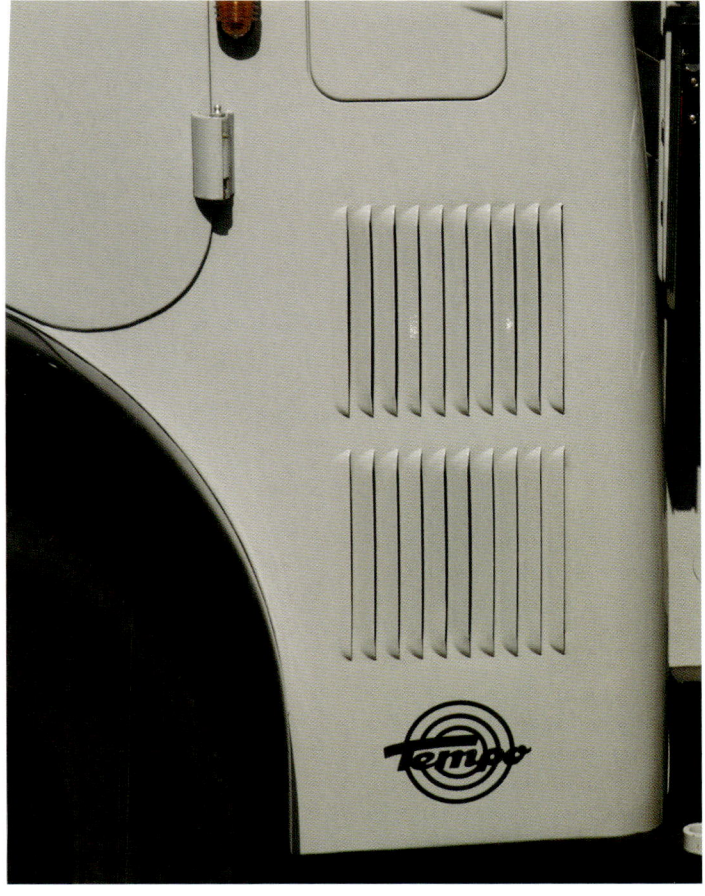

Durch diese Kiemen atmete das 34-PS-Triebwerk.

Auf gediegenen Chromzierrat wollte man auch bei Tempo nicht verzichten.

Zwei Bretter, eine Sackkarre und ordentlich Kraft – was brauchte man mehr, um den Tempo zu beladen?

wurden zwischen 1936 und 1948 etwa 40.000 Stück produziert. Der Ausstoß des von 1938 bis 1943 gebauten Vierradmodells hingegen betrug nicht einmal ein Prozent jener Zahl.

Bis 1956 sollte die Ära des Tempo-Dreirades anhalten, anschließend lebte es noch als indisches Lizenzprodukt weiter. Dabei erlangte die Marke Tempo nicht nur die Marktführerschaft. Mit ihrem Namen verband man einmal mehr sogar den Inbegriff des Lastendreirades. Im volkstümlichen Sprachgebrauch wurde oft gar nicht mehr unterschieden, sondern der Begriff „Tempo-Dreirad" allein war bestimmend für eine ganze Gattung. Für den Unkundigen spielte es dabei keine Rolle, ob es sich beispielsweise um die Konkurrenz des sogar noch länger von Goliath gebauten Dreirades handelte.

Doch schon 1947 hatte man die Weichen auf Zukunft gestellt: Dietrich Bergst, zweiter Mann hinter dem verdienten Cheftechniker Otto Daus, hatte Ideen entwickelt, um eine zeitgemäße Neuauflage des Vierrad-Kleinlasters realisieren, die das Tempo-Dreirad ablösen sollte. Daus jedoch, kurz vor seinem Ruhestand stehend, wollte es noch einmal wissen: Er entwickelte zu Hause in seiner privaten Werkstatt ebenfalls einen Vierrad-Transporter, so dass dem überraschten Oscar Vidal im Frühjahr 1949 gleich zwei Prototypen vorgeführt wurden. Die Wahl fiel auf Bergsts Entwurf, worauf sich Daus enttäuscht zurückzog.

Wenige Monate nach Konstituierung der Bundesrepublik Deutschland verließ die Vorserie des neuen Vierrad-Kleinlasters die Werkstore. Sie trugen nicht wie bisher einen einfachen Zahlencode, sondern den klangvollen Namen „Matador". Im Januar 1950 begann der Verkauf. Die erste Nachkriegs-Konstruktion von Tempo wurde sofort zum Erfolg. Der V-förmige Rohrrahmen des Matador und die Wahl zwischen vier Radständen ermöglichten eine Vielzahl von Aufbauten. Erstmals wurde Tempo seinem Lieferanten ILO untreu. Als Motorenlieferant für den knapp 900 kg befördernden Kleinlaster konnte das Wolfsburger Volkswagen-Werk gewonnen werden. Der 25 PS starke Vierzylinder-Boxermotor löste die Zweitakt-Ära bei Tempo zunächst einmal ab.

Die Form der modernen Frontlenkerkabine teilt bis heute die Gemüter. Vielen war sie zu schwülstig, was die hoch sitzenden Scheinwerfer formal noch unterstrichen. Dies sollte sich mit einer Überarbeitung 1952 jedoch ändern. Im harmonisierten „Bauch" des gelifteten Matador saßen die Frontscheinwerfer künftig nur knapp über der Stoßstange. Die Modellpflege war jedoch vor allem deshalb nötig, weil Volkswagen-Chef Heinrich Nordhoff seine auf unbestimmte Zeit

Tempo Matador 1400
Vier Räder für ein Wirtschaftswunder

Trotz seiner spärlichen Motorisierung war der »Matador«, wenn sich die Last in Grenzen hielt, schnell unterwegs. Allerdings war die Geräuschkulisse für den Fahrer dann auch recht ordentlich.

gegebene Zusage über Motorenlieferungen zurückgezogen hatte. Denn ab 1950 bauten die Wolfsburger selbst einen Kleintransporter, dessen Konkurrenz man nun nicht weiter unterstützen wollte.

Für Tempo bedeutete dies eine Rückkehr zum Zweitaktmotor. Das neue Dreizylinderaggregat war eine Schöpfung des Ingenieurbüros Müller-Andernach und orientierte sich an der DKW-Konstruktion; gebaut wurde es bei ILO. Mit weiterhin 900 kg Zuladung verkaufte man den vierrädrigen Tempo fortan als Matador 1000 und stellte ihm eine verstärkte Ausführung als Matador 1400 mit rund 1400 kg Nutzlast zur Seite. Für diesen war der 26 PS leistende Dreizylinder, mit dem man im Hause Tempo übrigens nie richtig glücklich war, zu schwach. Von Heinkel wurde deshalb ein Vierzylinder-Viertaktmotor zugekauft. Diesen hatten die Zuffenhausener Flugzeugbauer innerhalb kürzester Zeit eigens für Tempo entwickelt. Die Fertigung des Zweitaktmotors wurde später ebenfalls zu Heinkel verlagert, nachdem ILO wiederholt durch Qualitätsprobleme enttäuscht hatte.

Obgleich die Heinkel-Vierzylinder wesentlich zufriedenstellender eingesetzt wurden, blieb die Motorisierung Tempos Sorgenkind. Auch hatte der Matador inzwischen zahlreiche Mitbewerber bekommen: Volkswagen Transporter, DKW Schnellaster oder Gutbrod Atlas. Doch dank Frontantrieb und dem beliebig verlängerbaren Rohrrahmen konnte sich Tempo mit den anderen Modellen durchaus messen. Der wirtschaftliche Aufschwung in Westdeutschland begann, und Tempo war gut beraten, frühzeitig auf den Vierrad-Lieferwagen gesetzt zu haben. Die Zeit der Dreiräder war vorbei.

Dennoch wurde es für eine kleine Firma wie Vidal & Sohn immer schwieriger, großen Konzernen die Stirn zu bieten. Abhängigkeiten wie der Ausfall von Motorenlieferungen durch Volkswagen zeigten die extreme Störanfälligkeit kleiner Hersteller. So wurde schon 1955 einer 50-prozentigen Beteiligung durch die Rheinstahl-Hanomag AG zugestimmt, die 1965 zur vollständigen Übernahme führte. Ab 1966 verdrängte Hanomag die alteingesessene Marke Tempo, und ein Jahr später verschwanden auch die gewohnten Gesichter des Hamburger-Transporterwerks. Es zog eine neu gestaltete Einheitsbaureihe ein, die wenig später unter den vereinigten Marken Hanomag-Henschel vertrieben wurde. Doch auch diese befanden sich schon auf einem absterbenden Ast. Als Daimler-Benz

Am Schuppen 53 im Hamburger Hafen hatte der »Tempo« sein Heimspiel.

1969 die Mehrheit bei den Hanomag-Henschel-Fahrzeugwerken GmbH übernahm, dauert es nur noch fünf Jahre, bis der Stern auf Tempos Enkeln strahlen sollte. 1978 verließen die letzten Transporter das Werk in Hamburg-Harburg. Anschließend strukturierte Daimler-Benz die Produktionsstätte für Fahrgestellfertigungen um.

Frank Gries aus Oldenburg hat den auf diesen Seiten vorgestellten Tempo Matador 1400 im Juli 2001 bei einem Schrotthändler aufgetan, wo der kleine Transporter seit Oktober 1989 noch eingesetzt worden war. Über seine frühere Vergangenheit seit der Auslieferung 1954 konnte leider nichts in Erfahrung gebracht werden. Von September 2001 bis zum Mai 2005 wurde der Wagen bis aufs Kleinste zerlegt und wieder zusammengefügt. Vom kompletten Antriebsstrang bis zum neuen Holz der Fahrerhaus-Rückwand unterzog Frank Gries alles einer akribischen Aufarbeitung, um diesen Zeitzeugen der fünfziger Jahre wieder originalgetreu entstehen zu lassen. ◄

Daten & Fakten: Tempo Matador 1400 Pritschenwagen

▶ **Motor:**
Vierzylinder-Viertakt-Reihen-Ottomotor, Fabrikat Heinkel, Typ TE 1100, wassergekühlt, Bohrung 70 mm, Hub 71 mm, Hubraum 1092 ccm, Leistung 34 PS bei 3600 U/min

▶ **Kraftübertragung/Antrieb:**
Viergang-Getriebe (3. und 4. Gang synchronisiert), Frontantrieb

▶ **Fahrwerk:**
Hinterradantrieb.

▶ **Maße/Gewicht:**
Länge 4950 mm, Breite 1760 mm, Höhe 1910 mm, Radstand 3000 mm, Spur vorn 1470 mm, hinten 1470 mm, Eigengewicht 1220 kg, Nutzlast 1300 kg

▶ **Fahrleistungen/Verbrauch:**
Höchstgeschwindigkeit 80 km/h, Verbrauch 9,4 Liter/100 km

▶ **Bauzeit/Stückzahl:**
1952 – 1956, 6054 Stück aller Ausführungen

Stückgut im regionalen Verteilerverkehr, da konnte der „Matador" seine Stärken gut ausspielen. Die Beladung allerdings forderte den ganzen Mann.

Hanomag L 28 (2,5 to)

Auf verschlungenen Wegen

Zwanzig Jahre nach Auslieferung der letzten Lok profitierte der Industriegigant Hanomag noch immer von seinem legendären Renommee als Lokomotivenhersteller. Doch schon seit einem halben Jahrhundert widmeten sich die Hannoveraner auch dem Bau von Schleppern und Straßenfahrzeugen; sie genossen für ihre Automobile ebenfalls einen guten Ruf, wenngleich die Lastwagensparte bei Hanomag nie kontinuierliche Wege ging.

Die lang gestreckte Haube wirkt sehr amerikanisch und entspricht damit ganz dem Geschmack der Wirtschaftswunderzeit.

Gerade der Lokomotivenbau, für den der große Schwermaschinenproduzenten Hanomag einst weltbekannt war, trieb das traditionsreiche Unternehmen in den zwanziger Jahren in die Krise. Ein Rückgang an Bestellungen ließen bei der Hannoverschen Maschinenbau AG, vorm. Georg Egestorff, in Hannover-Linden die Alarmglocken läuten. Dringend suchte man nach anderen Betätigungsfeldern, um das Potential des Unternehmens weiterhin auszulasten. Diese konnten zwangsläufig nur im Maschinenbau zu suchen sein, am besten im artverwandten Schlepper- und Automobil-Bereich. Vom Lokomotivenbau kommend, hatte Hanomag schon 1905 einen Vorstoß in diese Richtung unternommen, und zwar mit dem Bau von Dampflastwagen nach dem System Stoltz, den man jedoch schon 1908 wieder aufgeben musste. 1912 war das Werk mit der Fertigung von Tragpflügen in die Landtechnik eingestiegen, und 1914 hatte man die Motorenproduktion der Norddeutschen Automobil- und Motoren AG (NAMAG) übernommen; mit Ende des Ersten Weltkrieges stieg man erfolgreich in den Bau von Ketten- und später auch Radschleppern ein.

Ein Engagement im Automobilbau schien für den Industrieriesen, dessen Wurzeln sich bis auf das Jahr 1835 zurückverfolgen lassen, also in nicht allzu großer Entfernung. Angesichts des Landmaschinen- und Schlepperbaus wäre die Aufnahme einer Lastwagenfertigung wohl naheliegend gewesen. Dennoch ließ sich der Weg in den „feineren" Personenwagenbau leichter finden. Grund dafür war ein anspruchsloser Kleinwagen der Leistungsformel 2/10 PS, der unter dem Spitznamen „Kommissbrot" noch heute zu den bekanntesten und einzigartigsten Automobilschöpfungen zählt. Die beiden schwäbischen Tüftler Carl

Hanomag L 28 (2,5 to)
Auf verschlungenen Wegen

Der Reihen-Vierzylinder hatte reichlich Platz unter dem schwülstig geschwungenen Blechkleid.

Pollich und Fidelis Böhler hatten ein leichtes, zweisitziges „Volksauto" in Pontonform mit Heckmotor entwickelt und stellten es unter anderem der Hanomag-Direktion vor. Der ungewöhnliche Kleinwagen sorgte in Hannover für Begeisterung, und Hanomag richtete dafür 1924 eine moderne Fließbandfertigung ein. Mit dem konkurrenzlos günstig angebotenen 2/10 PS (Einzylinder, 500 ccm) avancierte der Neueinsteiger innerhalb kurzer Zeit zu einem der absatzstärksten deutschen Automobilhersteller. Anschließend wandte man sich konventionelleren und stärkeren Modellen zu, die zwar nicht mehr so unverwechselbar und erfolgreich waren; dennoch gehörte die Marke Hanomag in den dreißiger Jahren zu den etablierten deutschen Marken.

Um so steiniger war für Hanomag der letztlich nun doch beschrittene Weg in den Lastwagenbau. Während sich die Hannoveraner mit ihren Schleppern zu einem der führenden deutschen Hersteller etablierten und die Kleinwagen erfreuliche Absätze verzeichneten, waren Versuche aus verschiedenen Richtungen, in den Bau von Last- und Lieferwagen einzusteigen, zunächst nicht von Erfolg gekrönt. Anfangs bot man den 2/10 PS als Lieferwagen an; 1927 entstand

auf seiner Basis ein kleiner Frontlenker-Lastwagen für 750 kg Nutzlast. Er war konzeptionell sicher seiner Zeit voraus, formal und bezüglich seiner geringen Leistung jedoch eher eine Katastrophe. In den Jahren der Weltwirtschaftskrise ging er genauso sang- und klanglos unter wie er gekommen war. Allein sein Vermächtnis gab Denkansätze für einen erneuten Vorstoß in die Lastwagensparte, den Hanomag mit Machtantritt der Nationalsozialisten unternahm.

Nachdem der kreative Konstrukteur Paul Arendt seine Ideen bei Büssing-NAG in Braunschweig nicht weiter verwirklichen konnte, wechselte er 1931 zu Hanomag. Dort reorganisierte er nicht nur das Schlepper-Programm, sondern schuf auch einen Lastwagen, der seiner Zeit (zu) weit voraus war. Das Modell HL, ein Dreieinhalb- bis Viertonner, war 1933 der

Das Verhältniss zwischen Fahrzeuglänge und Ladefläche scheint recht unwirtschaftlich, aber in den fünfziger Jahren kam es noch nicht auf jeden Zentimeter Ladefläche an.

erste in Serie produzierte Diesel-Lastwagen mit Unterflurmotor. Mit seiner Frontlenkerbauweise bot er wesentliche Laderaumvorteile gegenüber konventionellen Lastwagen. Auch als Omnibus ließ sich dies eindrucksvoll beweisen. Doch mit vermutlich nicht einmal einhundert gebauten Exemplaren war er ein Flop, was Paul Arendt veranlasste, schon 1934 wieder nach Braunschweig zurückzukehren. Dort konnte er an seinem Konzept weiter arbeiten und aufgrund der marktführenden Stellung von Büssing-NAG auch schrittweise durchsetzen. In Hannover, wo weiterhin erfolgreich Schlepper gefertigt wurden, wollte der-

Hanomag L 28 (2,5 to)
Auf verschlungenen Wegen

weil nicht einmal der Verkauf eines konventionellen Lastwagens glücken, den man durch längeren Radstand von der Zugmaschine SS 55 abgeleitet hatte. Der Zweite Weltkrieg unterband weitere Anläufe, bis es 1948 wieder eine verlängerte Zugmaschine in Form des STA 100 gab. So verkaufte man die bekannte 100-PS-Straßenzugmaschine auch als klassischen Fünftonnen-Lastwagen. Der Bedarf an Kraftfahrzeugen für den Gütertransport war in Westdeutschland zweifelsohne größer als die Nachfrage an Personenwagen für den Individualverkehr. Auch aus dieser Erkenntnis ist die Entscheidung der Hannoverschen Maschinebau AG zu beurteilen, die Pkw-Fertigung nicht wieder aufzunehmen und besser einen neuen Vorstoß in den Bau leichter Lastwagen zu unternehmen. Angesichts vorausgegangener Misserfolge beim Lastwagenbau war dies gewiss keine Zwangsläufigkeit. Die seit Anbeginn große Nachfrage nach dem ab 1950 gebauten Anderthalbtonner mag den Ausschlag gegeben haben, die Neukonstruktion des Personenwagens Hanomag Partner 1951 auf Eis zu legen und das Projekt der Herstellung von Lieferwagen zu opfern.

Im Gegensatz zu vorangegangenen Anläufen ging Hanomag mit dem neuen Schnelllastwagen keine Kompromisse ein. In Form des Modells L 28 hatte man eine eigenständige Konstruktion geschaffen, wenngleich nach bewährten Methoden. Der neue 2,8-Liter-Dieselmotor, der dem Lastwagen seine Bezeichnung gab, sorgte nicht etwa wegen bahnbrechender Neuerungen für einen Vorsprung; allein die Tatsache, dass Hanomag zu Beginn der fünfziger Jahre in dieser Klasse einen wirtschaftlichen Dieselmotor anbot, war fortschrittlich genug. Noch überwogen Vergaser-Triebwerke, so unter anderem auch beim erfolgreichen Opel Blitz. Ansonsten kennzeichneten den L 28 im weiteren konstruktiv unspektakuläre Merkmale wie Leiterrahmen, Starrachsen und Blattfederung.

Auf diesen drei Ansichten sind die Einflüsse aus dem fernen Amerika gut zu erkennen. Man konnte und wollte damals noch in Formen schwelgen.

Geräumige Hecktüren und ein große Seitentür erlaubten ein schnelles Be- und Entladen.

Das Team um den seit den zwanziger Jahren federführenden Oberingenieur Carl Pollich gab dem L 28 noch einen weiteren Bonus. Stilistisch orientierte sich der kleine Hanomag-Laster am aktuellen amerikanischen Geschmack. Das punktete in der Verkaufsstatistik, und so wurde der L 28 für Hanomag ein ansehnlicher Erfolg. Bereits im Oktober 1957 konnte man den Verkauf des 50.000. Schnelllastwagens feiern.

1956 wurde die Nutzlast von 1,5 auf 1,75 to erhöht, ein Jahr später folgte ein verbessertes Fahrerhaus mit durchgehender Frontscheibe, auch gesellten sich größere Brüder hinzu. Schon ab 1951 war der L 28 auch als Zweitonner, ab 1953 als Zweieinhalbtonner und weitere zwei Jahre später auch als Dreitonner erhältlich. Außerdem gab es Allradversionen als Typ AL 28. Ab 1953 mit 1,5 to Nutzlast und ab 1958 auch mit 2,5 to Zuladung waren die geländegängigen Hannoveraner bei der Bundeswehr ein beliebtes Lastentier. Aber nicht nur da: Es schlossen sich weitere Behörden an wie Technisches Hilfswerk, Bundesgrenzschutz, Polizei, Feuerwehren, um nur die wichtigsten zu nennen. Es gab unzählige Möglichkeiten für die Gestaltungen von Aufbauten, die über Pritschen-, Koffer- und Kastenwagen hinaus von allen namhaften wie auch weniger bekannten Herstellern angefertigt wurden. Lief die Fertigung des L 28 im Jahre 1960 aus, so übertraf ihn die Allrad-Variante mit immerhin stolzen 18 Jahren Bauzeit. 1963 wurde die Montage in das ehemalige Borgward-Werk nach Bremen-Sebaldsbrück verlegt, dort hielt man sie noch bis 1971 – dann schon unter Regie von Daimler-Benz – aufrecht.

Die Käsegroßhandlung Max Hegligos und Söhne in Krefeld besaß einst jenen hier abgebildeten L 28. Seit Juni 1956 versah er zuverlässig seinen Dienst, bis er nach über vierzigjährigem Einsatz dann doch sein arbeitsreiches Dasein beenden sollte. Auf einem Schrottplatz stieß Achim Hufnagel aus Mönchengladbach 1989 auf den ausgedienten Kofferwagen, wollte ihn aber eigentlich nicht haben, weil sein Augenmerk auf schwerere Kaliber gerichtet ist. Der gute Einfluss seiner Freundin, die den Hanomag „soooo süüüß" fand, wendete das Blatt für den todgeweihten Wagen

Hanomag L 28 (2,5 to)
Auf verschlungenen Wegen

dann doch noch. Zwar vom Schrottplatz, genau genommen aber aus erster Hand ging der Zweieinhalbtonner in Hufnagels Besitz über. 1996 begann für den L 28 die Restaurierung. Nach zweijähriger Kur präsentiert sich der Hanomag mittlerweile wieder in bestem Glanz, was darüber hinwegtäuscht, dass er außer bei vielen Oldtimertreffen in ganz Deutschland auch ab und zu noch als Lastesel herhalten muss. ◂

„Ein Kilo Blech – ein Kilo Lack, fertig ist der Hanomag", dieser Spruch aus der Vorkriegszeit wurde auch gerne angesichts der Kleintransporter aus den fünfziger Jahren zitiert.

Vordere Ausstellfenster und ein Armaturenbrett in Wagenfarbe, das war im Vergleich zu anderen zeitgenössischen Transportern schon etwas besonderes.

Der Vierzylinder-Diesel war recht übersichtlich im reichlich dimensionierten Motorraum angeordnet. Die große Klappe garantierte gute Zugänglichkeit bei Wartungsarbeiten.

Daten & Fakten: Hanomag L 28 (2,5 to) Kofferwagen

▶ **Motor:**
Reihen-Vierzylinder-Viertakt-Vorkammer-Dieselmotor, Fabrikat Hanomag, Typ D 28 LA, wassergekühlt, mit Roots-Aufladung, Bohrung 90 mm, Hub 110 mm, Hubraum 2799 ccm, Leistung 65 PS bei 2800 U/min

▶ **Kraftübertragung/Antrieb:**
Viergang-Getriebe, 2. und 3. Gang synchronisiert, Hinterradantrieb

▶ **Fahrwerk:**
Leiterrahmen, vorn und hinten Starrachse mit Blattfederung, hydraulische Öldruck-Fußbremse, Stahlblech-Scheibenräder, Bereifung 6.50-20 (hinten zwillingsbereift)

▶ **Maße/Gewicht:**
Länge 6260 mm, Breite 2130 mm, Höhe 2125 mm, Radstand 4000 mm, Spur vorn 1510 mm, hinten 1470 mm, Eigengewicht 2600 kg, Nutzlast 2600 kg

▶ **Fahrleistungen/Verbrauch:**
Höchstgeschwindigkeit 82 km/h, Verbrauch 12,0 Liter/100 km

▶ **Bauzeit/Stückzahl:**
1953 – 1960, 12.277 Stück der 2,5-to-Ausführung

Auch nach über fünfzig Jahren macht der L 28 noch eine gute Figur. Allerdings werden die stilechten Hintergründe immer seltener, um solch einen Oldtimer wirkungsvoll in Szene zu setzen.

Opel Blitz 1,75 to

Opel – der Zuverlässige

Sie war einfach gestrickt, doch treffender konnte die Werbebotschaft kaum sein. Die Neuauflage des in den dreißiger Jahren wohl bekanntesten und weit verbreiteten deutschen Kleinlasters leitete dennoch den Abgesang des Rüsselsheimer Nutzfahrzeugbaus ein. Die Tage der Opel-Blitz-Ära waren gezählt.

Dieser auch gerne als „Weichblitz" bezeichnete Opel kann seine amerikanischen Einflüsse nicht ganz verhehlen.

Rückblick in das Jahr 1945: Deutschland hatte kapituliert und wurde unter den Siegermächten in vier Besatzungszonen aufgeteilt. Industriebetriebe, die sich in der Sowjetischen Zone befanden, waren dem Zugriff westdeutscher Besitzer entzogen. Nicht etwa, dass die Zonengrenze eine Hürde darstellte; die wurde erst in den folgenden Jahren zum Eisernen Vorhang, an welchem sich die „Kalten Krieger" gegenüber standen. Was sich im östlichen Teil des besetzten Deutschland abspielte, war die gnadenlose Umsetzung jener Beschlüsse, die beim Potsdamer Abkommen von den Alliierten getroffen worden waren. Damit war das Opel-Werk in Brandenburg – einst das modernste Lastwagen-Montagewerk in Europa, geleitet vom späteren VW-Chef Nordhoff – nicht nur für das Stammhaus Rüsselsheim verloren, sondern auch für die Wirtschaft der sowjetisch besetzten Zone. Denn die Russen demontierten bis zum letzten Lichtschalter sämtliche Anlagen, wo einst Deutschlands erfolgreichster Lastwagen vom Band rollte. Die spätere DDR, auf deren Territorium sich nur geringes Potential als angestammter Lastwagenproduzenten befand, wurde damit der Möglichkeit beraubt, aus eigener Kraft für den Aufbau so dringend benötigte Lastwagen produzieren zu können.

Anders in den westlichen Zonen: Zwar wurde die UdSSR nach den Vereinbarungen der Alliierten auch in Rüsselsheim durch die Lieferung der Produktionsanlagen für den Opel Kadett bedient, doch eröffnete hier die Stunde Null wesentlich bessere Perspektiven. Im Werk Mannheim der Daimler-Benz AG war während des Krieges eine Lizenzfertigung des Opel Blitz-Dreitonners vonstatten gegangen, die zunächst einen Wiederanlauf sicherte, jedoch – so viel Stolz besaß man bei Daimler-Benz schließlich auch in schlechten Zeiten – baldmöglichst gegen eigene Produkte aufgegeben werden sollte. Immerhin rollten dort noch ein-

Der Reihen-Sechszylinder-Benzinmotor braucht viel Platz. Den gewährten ihm die Opel-Konstrukteure unter der langen Haube.

mal über zehntausend „Blitze" vom Band, für die teilweise Opel als Zulieferer fungierte. Sowohl die Hälfte des Vertriebs als auch den Werkstattservice übernahm Opel – darauf hatten sich beide Konzerne einvernehmlich verständigt. Die Daimler-Benz AG verkaufte den Opel-Nachbau in ihrer Regie als Modell L 701.

Nach ersten Aufräumungsarbeiten und der Klärung von Rohstofflieferungen erhielten die Rüsselsheimer Opel-Werke die Genehmigung, die Produktion wieder aufzunehmen. Am 15. Juli 1946 war es soweit: Im Beisein amerikanischer Offiziere lief nicht etwa ein Personenwagen, sondern ein 1,5 to Opel Blitz vom Band. Nur der Motor war nach wie vor der des Opel Kapitän. Anders als der größere Dreitonner war der Anderthalbtonner schon vor dem Krieg in Rüsselsheim gebaut worden, womit der Wiederanlauf möglich wurde. An eine Herstellung des großen Blitz war wegen fehlender Werkzeuge nicht zu denken. Als Daimler-Benz Mitte 1949 dann die Behelfsfertigung des L 701 gegen einen neuen Typ eigener Konstruktion tauschen konnte, übernahm Opel sämtliche unverkauften Wagen sowie den Restbestand an Einzelteilen. Bis 1954 setzte man daraus noch 467 Dreitonner zusammen, größtenteils als Omnibusfahrgestelle.

Reichlich Chrom war ein unbedingtes Muss für die Autos jener Zeit.

Ausgangsbasis für eine Fortführung, die dem Ruf des Hauses Opel als einst größtem deutschen Lastwagenproduzenten wieder gerecht werden sollte, war nach dem Krieg demnach nur der kleine 1,5-Tonner. Er hatte zwar schon in den dreißiger Jahren den Verkauf des Opel Blitz unterstützt, aber bei weitem nicht dessen Marktanteil erreicht. Als Antrieb diente der gleiche Zweiliter-Motor, wie er schon im Personenwagen Opel Super 6 verwendet wurde. Der kleine Sechszylinder zeichnete sich durch hohe Laufkultur und starkes Drehmoment aus, Eigenschaften, die trotz höheren Verbrauchs im Vergleich zu den wirtschaftlichen Dieselaggregaten bei den kleinen Lastwagen noch lange zu den Pluspunkten zählten.

Zunächst vermochte der 1,5-Tonner, nahezu genau dem Vorkriegsmodell entsprechend, aufs Neue die Verkaufsstatistiken anzuführen. Bis zur Gründung der Bundesrepublik hatte man die Produktion auf jährlich über 11.000 Lastwagen steigern können, bis 1951 wurden insgesamt 37.000 Stück verkauft. Doch wie lange würde eine Konstruktion von 1938 eine Position als Marktführer beibehalten können? Im August 1949 hatte ein Stab von Opel-Konstrukteuren zusammen mit dem Mutterkonzern General Motors mit der Entwicklung eines neuen Blitz mit 1,75 to Nutzlast begonnen. Man plante die Umstellung auf ein Modell nach Vorlagen der amerikanischen Hausmarke Chevrolet und zusätzlich eines kleinen Eintonnen-Kastenwagens. Doch weder das erste Modell noch zwei Versuchswagen des Eintonners konnten befriedigen. Es verrann wertvolle Zeit, und der Dreivierteltonner musste nun endlich zum Laufen kommen. So gedieh der neue Blitz allenfalls zu einer Notlösung.

Im wesentlichen basierte der ab 1952 ausgelieferte 1,75-Tonner auf der bekannten Vorkriegskonstruktion. Dass der baugleiche Motor statt bisher 55 PS nunmehr 58 und ab 1955 sogar 62 PS abgab, war kaum spürbar. Noch hatte er aber das Zeug, um gegen die Konkurrenz zu bestehen. Völlig neu war allein die Gestaltung des Fahrerhauses und der Alligator-Schnauze, die sich stark am amerikanischen Geschmack orientierte. Durch Synchronisierung des zweiten bis vierten Ganges vereinfachte sich das Schalten, und die erhöhte Nutzlast erreichte man durch Verstärken der Achsen.

Nicht erst seit dieser Zeit wussten zahlreiche Blitz-Kunden dem hohen Kraftstoffverbrauch zu begegnen, indem sie eine Treibgasanlage installierten. Spätestens jedoch Mitte der fünfziger Jahre, als die wirtschaftlichen Verhältnisse in Westdeutschland eine spürbare Besserung erfahren hatten, hätte dieser Umstand bei Opel Aufmerksamkeit erregen sollen. Aber dem Dieselmotor verweigerte man sich weiterhin strikt – das war ein folgenschwerer Fehler.

Opel Blitz 1,75 to
Opel – der Zuverlässige

Eine der weißen Batterien aus dem Baumarkt ist weitaus günstiger zu bekommen, doch wer seinem Restaurierobjekt eine stilechte schwarze spendieren will, muss schon etwas tiefer in die Tasche greifen.

1960 löste Opel den 1,75-Tonner gegen eine längst fällige Neukonstruktion ab. Der 1,9 to Blitz war ein Kurzhauber, dessen Gestaltung nicht an das bisherige Muster anknüpfte. Beim neuen Sechszylindermotor setzte Opel weiterhin auf den Benziner. Vollsynchronisierte Lenkradschaltung und einige weitere Details waren zwar fortschrittlich, aber auch kein Privileg von Opel. Andere Hersteller boten dies ebenfalls. Noch 1961 mit über 10.000 Exemplaren recht absatzstark, sank der Nutzfahrzeugverkauf innerhalb von fünf Jahren auf die Hälfte. Opel reagierte und brachte einen neuen Blitz, jetzt sogar in vier Nutzlastklassen von 1,7, 1,9, 2,1 und 2,4 Tonnen. Statt des schluckfreudigen Sechszylinders gab es einen wirtschaftlicheren Vierzylinder,

Auch bei Opel wollte man nicht auf die werbewirksamen Kilometerplaketten verzichten.

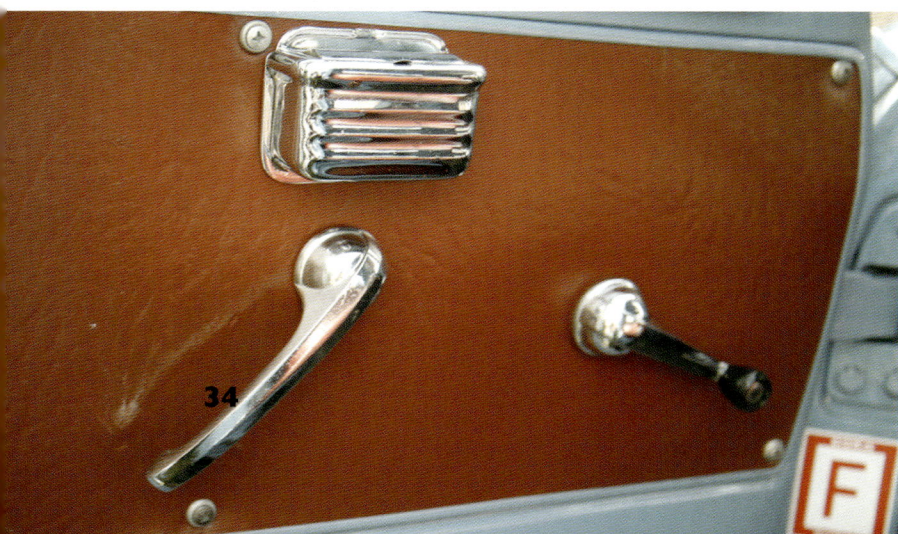

Das Interieur in der nicht gerade geräumigen Fahrerkabine errinnert doch eher an einen PKW. Aber auf ein Bild von der Liebsten wollte der LKW-„Kutscher" ebenso wenig verzichten wie auf sein Autosuper.

wie er auch im Rekord verwendet wurde. Als das Versäumnis endlich erkannt wurde, dass man den Dieselmotor zu lange ignoriert hatte, versuchte Opel 1968 die Situation durch ein von Peugeot zugekauften Selbstzünder zu retten – viel zu spät, wie sich herausstellen sollte. Der französische Diesel konnte nur einen vorübergehenden Aufschwung bescheren. Der Tiefsstand von dreieinhalbtausend im Jahr 1967 abgesetzten Blitz-Lastwagen konnte zwar noch einmal verdoppelt werden, aber Konkurrenten wie der neuen Transporter-Reihe 406/408 von Mercedes-Benz, die nahezu komplett mit wirtschaftlichen Dieselmotoren ausgerüstet war, hatte der Blitz nichts entgegen zu setzen. Auch der Detroiter Mutterkonzern zeigte nur noch wenig Interesse an der deutschen Lastwagenfertigung in Rüsselsheim. 1975 wurden die letzten Ver-

Opel Blitz 1,75 to
Opel – der Zuverlässige

treter einer großen Tradition auf die Straße gebracht. Der legendäre Blitz war alsbald nur mehr Geschichte. Zwar gab es im Opel-Programm noch bis 1987 einen aus dem britischen GM-Werk Vauxhall importierten Bedford-Blitz, aber auf dem Nutzfahrzeugmarkt spielte er keine wesentliche Rolle mehr.

Johann Dengler aus Wendelskirchen sicherte sich einen Vertreter aus den letzten Zügen der einst großen Ära des Opel Blitz. Sein 1,75-Tonner von 1958 erwarb er nach dreißigjährigem Einsatz aus erster Hand. Ein Chemiewerk in München hatte den Wagen bis 1988 besessen und auch recht lange eingesetzt. Der Zustand gab darüber Zeugnis. Alles musste einer sorgfältigen Restaurierung unterzogen werden, die gesamte Technik, das Fahrerhaus und auch der Aufbau, der noch original als Münchener Meiller-Kipper vorhanden war. ◄

Für die Zuverlässigkeit des Opel noch Werbung zu machen, war wie Eulen nach Athen tragen.

Für einen schnöden Kipper war der Opel Blitz eigentlich zu elegant.

35

Mit seinem 2,5-l-Benziner war der „Blitz" auch in bergigen Gegenden kein Verkehrshindernis.

Daten & Fakten: Tempo Matador 1400 Pritschenwagen

▶ **Motor:**
Reihen-Sechszylinder-Viertakt-Ottomotor, Fabrikat Opel, Modell 2,5 Liter, wassergekühlt, Bohrung 80 mm, Hub 82 mm, Hubraum 2473 ccm, Leistung 62 PS bei 3700 U/min

▶ **Kraftübertragung/Antrieb:**
Viergang-Getriebe (2. bis 4. Gang sperrsynchronisiert), Hinterradantrieb

▶ **Fahrwerk:**
Leiterrahmen, vorn Faustachse mit Teleskopstoßdämpfern, hinten Starrachse mit Blattfedern, hydraulische Öldruck-Fußbremse, Stahlblech-Scheibenräder, Bereifung 6.00-18 (hinten zwillingsbereift)

▶ **Maße/Gewicht:**
Länge 5670 mm, Breite 1940 mm, Höhe 1950 mm, Radstand 3300 mm, Spur vorn 1425 mm, hinten 1420 mm, Eigengewicht 1785 kg, Nutzlast 1815 kg

▶ **Fahrleistungen/Verbrauch:**
Höchstgeschwindigkeit 95 km/h, Verbrauch 12,5 Liter/100 km

▶ **Bauzeit/Stückzahl:**
1952 – 1960, 89.767 Stück

Man brauchte kein Schlangenmensch zu sein, um bei Reparaturen und Inspektionen an den Motor zu kommen. Die große Klappe machte es möglich.

Hanomag Kurier
Flotter Bote

Als eine unerwartete Sensation präsentierte sich im Herbst 1958 ein moderner Frontlenker-Lieferwagen aus dem Hause Hanomag. Ein weiteres Mal bewies Obering. Carl Pollich, Schöpfer des skurrilen Kommissbrotes, dass er nach fast vierzigjährigem Schaffen immer noch Autos entwerfen konnte, die auf der Höhe ihrer Zeit waren.

Gerne wurden Lieferwagen und Kleintransporter von ihren Besitzern als kostenlose Werbeträger genutzt...

Spätestens Mitte der fünfziger Jahre war absehbar, dass sich die Frontlenkerbauweise im Lastwagenbau früher oder später durchsetzen würde. Im Segment leichter Transporter sollte sich die Entwicklung noch schneller vollziehen als bei den schweren Lastzügen, wo diese Richtung mehr oder minder erst per Gesetz zwangsweise vorgegeben wurde. Vor allem der 1956 erschienene Mercedes-Benz L 319 setzte im Bereich moderner Kleinlastwagen Akzente. Das schlug sich besonders in den Zulassungsstatistiken nieder und sorgte für rückläufige Absätze des Hanomag L 28. Deutlich war erkennbar, dass diese bis dato so erfolgreiche Baureihe ihren Zenith überschritten hatte. Hanomag wollte sich dem Trend indessen nicht verschließen, und einmal mehr lief der inzwischen betagte Chefkonstrukteur Carl Pollich zu Höchstform auf und leitete die Entwicklung einer neuen Fahrzeuggeneration. Neben moderner, haubenloser Bauweise setzte man bei Hanomag auf vordere Einzelradaufhängung und einen neu entwickelten Dieselmotor im Zweitaktverfahren.

Die ersten Funktionsmuster der neuen Motorengeneration zeigten im Probebetrieb jedoch augenfällige Schwächen. Hoher Ölverbrauch, mangelnde Standfestigkeit und enorme Geräuschentwicklung ließen ernste Zweifel aufkommen, ob dem Motor jene Eigenschaften noch abzugewöhnen waren. Man kam zu dem Schluss, dass die Zweitakter kein Entwicklungspotential aufwiesen und stoppte alle weiteren Schritte. Allerdings war damit auch eine Produktionsverzögerung der neuen Transporter-Generation verbunden, deren Vorstellung man eigentlich für 1957 vorgesehen hatte. Wegen der Zeitknappheit musste man wohl oder übel auf den bewährten Vorkammer-Diesel aus dem L 28 zurückgreifen. Wegen seines größeren Gewichtes standen nun noch einmal Überarbeitungen an der bereits festliegenden Konzeption im vorderen Wagenteil an.
Schließlich konnte im Herbst 1958 mit der Produk-

Hanomag Kurier
Flotter Bote

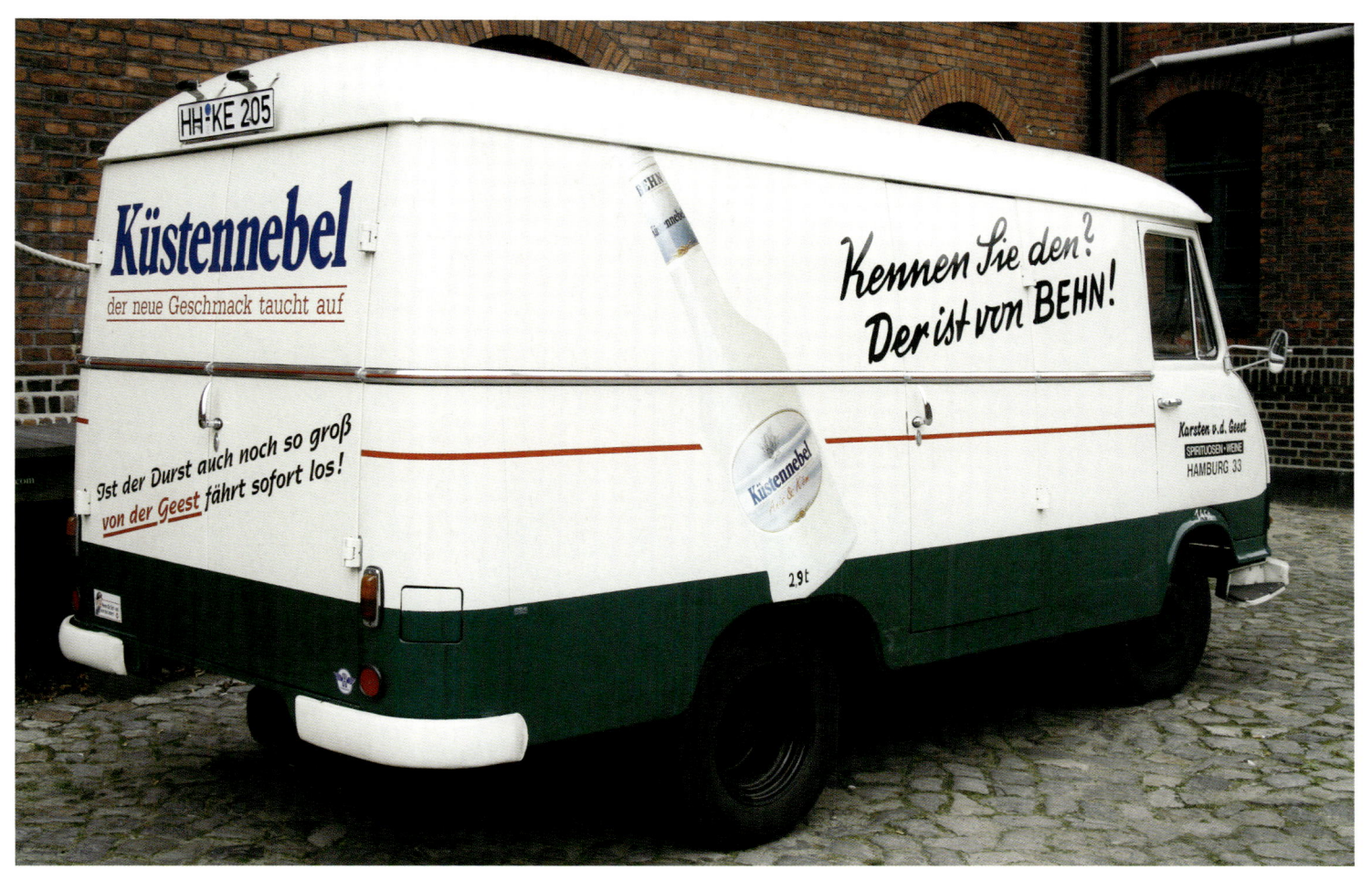

...so auch dieser Hanomag Kurier, der mit seiner aufwendigen stilechten Beschriftung für den „Nationalköm" der Nordlichter warb. Den „Küstennebel" gibt es immer noch, den Hanomag nach aufwendiger Restaurierung wieder.

tion des neuen Eindreivierteltonners begonnen werden, der die neue Verkaufsbezeichnung „Kurier" erhielt. Ein Jahr nach seinem Debüt sollte es dann auch wieder einen 2,5-Tonner geben, getauft auf den Namen „Garant". Nach Aufgabe des Personenwagenbaus kamen auf diese Weise noch einmal die bereits vor dem Krieg verwendeten Verkaufsbezeichnungen zu neuerlicher Verwendung. Für den großen Transporter mit 3 to Nutzlast, der 1960 erschien, war in gleicher Manier die Bezeichnung „Rekord" vorgesehen. Da aber Opel sich jenen Namen inzwischen für seine neuen Pkw-Modelle hatte schützen lassen, wich man auf „Markant" aus. Die bewährten Motoren, die es beim Kurier, Garant und Markant in der bekannten Abstufung von 50, 65 und 70 PS gab, hatten zwar Schlimmeres verhindert, stellten aber auch keinen Schritt nach vorn dar. Und so fortschrittlich wie die neue Frontlenkerkabine war, erntete sie doch Kritik. Viele empfanden sie als zu gesichtslos. Gestalterisch war sie vielleicht keine Meisterleistung, doch sahen die Konkurrenten besser aus? Mit seiner rundlichen Frontgestaltung stachen der Kurier und seine stärkeren Brüder zwar kaum aus der Masse heraus, sie erwiesen sich aber als zuverlässige Transportmittel. Immerhin verkauften sie sich, von kleinen Modellpflegemaßnahmen einmal abgesehen, bis 1967 unverändert mehr als 60.000 mal. Die Modelle Garant und Markant verließen jeweils in etwa 24.000 Exemplaren das Han-

Große Türen ermöglichen auch gut gewachsenen „Fahrensleuten" den unkomplizierten Umgang mit der Ladung.

noveraner Werk. Das waren doppelt so viele in unwesentlich längerer Bauzeit als noch ihre Vorgänger der Baureihe L 28. Für konservative Kundschaft oder auch für den Einsatz in kultivierten Omnibussen gab es von 1964 bis 1967 auf Wunsch auch einen Vergasermotor, dies war der hauseigene Benziner O 301 L. Außerdem umfasste das Programm eine Kurier II genannte Version, die über ein höheres Fahrerhaus verfügte. Überhaupt unterschied sich jener durch seinen Plattformrahmen wesentlich vom Basismodell, auch optisch durch eine sehr glatt gehaltene Front. Er wurde vornehmlich für Kastenwagen- und Omnibusaufbauten verwendet.

Nach knapp zehnjähriger Bauzeit sank verständlicher-

Ob dieser Radfahrer von einem Untersatz mit ein paar Rädern mehr träumt, bleibt ungewiss.

weise das Interesse an der Lastwagen-Baureihe von Hanomag. Seit 1934 eine Tochter der Vereinigten Stahlwerke und in deren Neuorganisation ab 1952 zu den Rheinischen Stahlwerken gehörend, firmierte das Unternehmen ab 1960 als Rheinstahl-Hanomag AG. Der sich nun über das Markenzeichen spannende Bogen war das Brückensymbol für die Unternehmen der Rheinischen Stahlwerke. Für ihre Tochter Hanomag wurde das Jahr 1967 zu einer wichtigen Station. In einer eigens dafür errichteten, hochmodernen Fertigungslinie nahm man den Bau einer neuen Kompaktmotoren-Generation auf. In deren Folge erschienen noch im gleichen Jahr sowohl eine komplett neue Ackerschlepper- als auch Lastwagen-Baureihe. Die Montage der neuen Frontlenker erfolgte wie die ihrer Vorgänger schon einige Zeit nicht mehr in Hannover, sondern in Bremen-Sebaldsbrück. Mit dem Konkurs des Borgward-Konzerns gab es für Hanomag nicht nur einen starken Konkurrenten weniger, sondern auch die Möglichkeit, deren modernes Werk ab 1963 für die Lastwagen-Montage übernehmen zu können. Auch jener Umstand hatte zum Erfolg der Baureihe Kurier/Garant/Markant beigetragen und die Möglichkeit geschaffen, innerhalb kurzer Zeit den Ausstoß an Lastwagen verdreifachen zu können.

Der auf diesen Seiten abgebildete Hanomag Kurier lief ab 1965 beim THW in Oldenburg/Holstein. Nach seiner Ausmusterung übernahm ein kleiner Fuhrunternehmer in Schenefeld bei Hamburg den Wagen. Dessen weiteres Schicksal verliert sich, bis ihn Karsten van der Geest aus Hamburg eher zufällig vor einigen Jahren in Gettorf bei Kiel fand. Er war auf der Suche nach einem Kurier II und folgte einer Annonce, die einen solchen als Kastenwagen offerierte. Als der aufgesuchte Besitzer seine Halle öffnete, erspähte van der Geest den hier zu sehenden Kurier I. Da er diesen nur von Fotos kannte, war der Anlass des Besuches sofort vergessen. Man verhandelte – und noch am selben Tag begab sich der Veteran dank weitgehend intakter Technik und mitgebrachter Überführungskennzeichen nach Hamburg. Dort waren nur Wartungsarbeiten nötig, um den Triebstrang in einsatzbereiten Zustand zu versetzen. Unvermeidlich nach einem langen Arbeitsleben aber sollten sich notwendige Blecharbeiten zeigen. Nicht nur sein Einsatz, auch das vermutliche Treiben von Wohnmobil-Enthusiasten verlangten beispielsweise nach Wiederherstellung der Trennwand zum Laderaum und neuer Innenverkleidungen. Sein heutiger Besitzer legt vor allem Wert darauf, dass seine Schätze nicht nur original, sondern auch authentisch daher kommen. Mit einer zeitgenössischen Lackierung und Beschriftung ist ihm dies ausgezeichnet gelungen. ▸

Wie durch ein Wunder haben diese zeitgenössischen Abziehbilder die Zeiten überdauert.

Drei Leute fanden hier bequem Platz. Und die Lenkradschaltung schonte die Knie des Beifahrers.

Als dieser „Kurier" das Hanomag-Werk in Bremen-Sebaldsbrück verließ, firmierte man schon unter „Rheinstahl-Hanomag".

Daten & Fakten: Hanomag Kurier Kastenwagen

▶ Motor:
Reihen-Vierzylinder-Viertakt-Vorkammer-Dieselmotor (ab 1962: Wirbelkammer-Prinzip), Fabrikat Hanomag, Typ D 28 KL (ab 1962: D 28 CL), wassergekühlt, Bohrung 90 mm, Hub 110 mm, Hubraum 2799 ccm, Leistung 50 PS bei 2800 U/min (ab 1962: 60 PS bei 3000 U/min)

▶ Kraftübertragung/Antrieb:
vollsperrsynchronisiertes Viergang-Getriebe, Hinterradantrieb

▶ Fahrwerk:
Leiterrahmen, vorn Einzelradaufhängung an Doppelquerlenkern mit Schraubenfedern, hinten Starrachse mit Halbelliptikfedern, hydraulische Öldruck-Fußbremse, Stahlblech-Scheibenräder, Bereifung 6.50-16 oder 6.00 R 16 (hinten zwillingsbereift)

▶ Maße/Gewicht:
Länge 5100 mm, Breite 2170 mm, Höhe 2050 mm, Radstand 2500 mm, Spur vorn 1510 mm, hinten 1444 mm, Eigengewicht 2250 kg, Nutzlast 1950 kg

▶ Fahrleistungen/Verbrauch:
Höchstgeschwindigkeit 76 km/h (ab 1962: 82 km/h), Verbrauch 10,3 Liter/100 km

▶ Bauzeit/Stückzahl:
1958 – 1967, 61.472 Stück

Dieses restaurierte Wiegehäuschen in Hamburg bietet eine gute Kulisse für diesen schmucken Fontlenker aus der Wirtschaftswunderzeit.

Während des Zweiten Weltkrieges hatte Mercedes-Benz eine Lizenzfertigung des Opel Blitz aufnehmen müssen, die nach dem Krieg vorübergehend fortgesetzt wurde. Den Stuttgartern lag natürlich daran, das „Kuckucksei" bald durch ein eigenes Modell abzulösen. Aber sie verstanden es, mit dem Opel-Know-how ihre Chance zu nutzen, den erfolgreichsten mittelschweren Lastwagen der Nachkriegsjahre zu schaffen.

Mercedes-Benz L 312

Glücksmomente

Der Blick durch die offene Fahrertür nach hinten vereinfachte zuweilen die Orientierung.

Mercedes-Benz L 312
Glücksmomente

Nicht zu Unrecht wurde diese LKW-Klasse auch als „Brot- und Butterautos" bezeichnet. Ob nun landwirtschaftliche Produkte oder Baumaterial für den Wiederaufbau – ohne sie ging nichts.

Als das Werk Mannheim während des Zweiten Weltkriegs auf staatliche Verfügung den Opel-Blitz-Dreitonner bauen sollte, hatte Generaldirektor Wilhelm Kissel schwere Bedenken, was dies für Daimler-Benz als „Erfinder des Automobils" für Folgen haben würde. Es war nicht nur eine Schmach für das Unternehmen, ein Modell des Konkurrenten Opel damit als das bessere akzeptieren zu müssen, sondern kriegsbedingt auch noch verordnet zu bekommen, dieses in den eigenen Hallen fertigen zu müssen. Wilhelm Kissel, 1885 geboren und seit 1904 bei Benz tätig, war einer der stärksten Befürworter des Zusammenschlusses von Benz und Daimler im Jahre 1926 gewesen. Er war auf Grund seiner Qualifikation zugleich die fähigste Kraft, die Führung des neu gebildeten Konzerns zu übernehmen. Maßgebliche Verdienste in der Geschichte der Daimler-Benz AG stehen neben den beiden Automobilpionieren und Gründern, Carl Benz und Gottlieb Daimler, der Person Kissels zu. Über sein Ableben schrieb der anerkannte Automobilhistoriker Werner Oswald 1987 sehr treffend: „Gestorben ist Wilhelm Kissel am 18. Juli 1942. Todesursache war der Opel Blitz."

Dem außergewöhnlich fleißigen und pflichtbewussten Mann hatten die Anstrengungen, die der Zweite Weltkrieg mit sich gebracht hatte, ohnehin stark zugesetzt. Neben beruflichen Schwierigkeiten und der Nachricht über den Soldatentod seines einzigen Sohnes traf ihn eine Entscheidung des Rüstungsministers Albert Speer zutiefst: Daimler-Benz sollte die Panzerfertigung einstellen und fortan nur noch als Ersatzteil-Lieferant im Rahmen des Panzer-Programms funktionieren. Den Gipfel bildete die Anordnung Hitlers vom 4. Juni 1942, die Fertigung des eigenen Dreitonnen-Lastwagens im Werk Mannheim einzustellen und dort den Opel Blitz vom Band laufen zu lassen. Kissel sah

49

Das Auf- und Abladen von Stückgut war in der Regel Handarbeit...

darin einen katastrophalen Schaden für das Unternehmen, dem er vorstand. Er verwand es nicht, dass man es in seinem Hause nicht fertig gebracht hatte, dem in der Zulassungsstatistik unangefochten herrschenden Opel Blitz ein mindestens gleichwertiges und kriegsbrauchbares Pendant gegenüberzustellen. Sechs Wochen, nachdem Hitlers Anordnung Wilhelm Kissel das Herz gebrochen hat, starb er.

In Gang kam die Montage des Opel in Mannheim erst im August 1944. Strategisch gesehen war es richtig, alle anderen Modelle zugunsten des am besten geeigneten aufzugeben. Ersatzteilnachschub, Reparatur wie auch die Fertigung wären bei konsequenter Typenbeschränkung von vornherein um einiges leichter zu handhaben gewesen. Gemessen am Kriegsverlauf kam der Bau des Blitz in Mannheim ohnehin zu spät.

Nachdem die Fertigungseinrichtungen über das Kriegsende hinweg einigermaßen intakt geblieben waren, konnte der Bau des Opel in Mannheim schon im Juni 1945 fortgesetzt werden. Mit der Adam Opel AG, die ihre eigenen Montagebänder für den Dreitonner durch Kriegseinwirkung und nach der Demontage durch sowjetische Besatzer in Brandenburg verloren hatte, kam man freundschaftlich überein, den „Opel mit Stern" weiterbauen zu dürfen. Die Rüsselsheimer hatten selbst daran Interesse, weil sie auf diese Weise die Hälfte des Ausstoßes vertreiben und den Service übernehmen konnten.

Dennoch strebte Daimler-Benz verständlicherweise danach, jenes ungeliebte Adoptivkind baldmöglichst los zu werden. Schon ein gutes Jahr nach Wiederanlauf der Produktion entstand ein erster neuer Prototyp. Bei genauerem Hinsehen wurde Insidern klar: Mit dem eigenen Vorgänger hatte der neue Dreitonner von Mercedes kaum etwas gemein, allerdings um so mehr mit dem Konkurrenten Blitz. Indessen verfügte der neue Dreitonner über einen Dieselmotor, was für die Zukunft von enormer Bedeutung war. Wenngleich die Mercedes-Konstrukteure von der Opel-Technik profitierten, gilt ihnen der Verdienst, auch deren Schwächen frühzeitig erkannt und ausgemerzt zu haben. Die konstruktive Nähe hatte aber

...da war es besser, man hatte einen Beifahrer an seiner Seite.

auch einen ganz praktischen Hintergrund: Die Umstellung der Fertigungseinrichtungen war einfacher und schneller zu bewerkstelligen. Unmittelbar nach Kriegsende spielte da vor allem auch die Beschaffung der notwendigen Materialien eine Rolle. Gemessen daran, dass andere Werke erst im Begriff waren, ihre Montagelinien überhaupt wieder flott zu bekommen, wären groß angelegte Umstrukturierungen unverhältnismäßig gewesen.

Zur Jahresmitte 1949 erfolgte die nahtlose Umstellung des Opel-Blitz-Nachbaues, der bei Mercedes als Typ L 701 bezeichnet wurde, auf den neuen L 3250. Der gab jedoch nur ein Zwischenspiel, denn schon ab Jahresende lief der L 3500 in Mannheim vom Band, der mit 3,5 to Nutzlast das gesteckte Ziel erreichte. Nicht nur, dass Daimler-Benz gleich nach der Währungsreform und damit sehr früh mit einem neuen Modell am Markt vertreten war – darüber hinaus bewährte sich der Lastwagen bestens und errang auf Anhieb die Marktführung. Die Umstände, die einst Wilhelm Kissel das Herz gebrochen hatten und auch des-

Auch das Schließen der Bordwände war allein eine zeimliche Knochenarbeit.

Mit dem Stern am Kühlergrill waren es gleich drei Markenzeichen, die diesen 312er zierten.

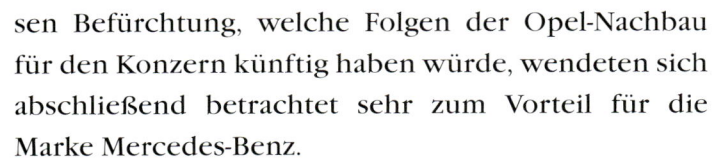

Noch sorgten chromberingte freistehende Scheinwerfer für die nötige Sicht in der Dunkelheit.

sen Befürchtung, welche Folgen der Opel-Nachbau für den Konzern künftig haben würde, wendeten sich abschließend betrachtet sehr zum Vorteil für die Marke Mercedes-Benz.

Bis 1961 blieb der L 3500 im Programm. Im Zuge einer neuen Typen-Nomenklatur wurde er ab 1955 unter der Bezeichnung L 311 verkauft. Noch erfolgreicher aber war der auf dem gleichen Konzept basierende L 4500 beziehungsweise L 312. Ab Juli 1953 gab es die Variante mit einer Tonne stärkerer Nutzlast. 1957 gesellte sich darüber hinaus der L 321 mit 5 to

Tragfähigkeit hinzu. Vereinzelt gab es den L 311 und L 312 auch als Frontlenker, für dessen Aufbauten vor allem Kässbohrer, Wackenhut und Binz herangezogen wurden. Der erfolgreichste mittelschwere Lastwagen der Bundesrepublik blieb auf den Straßen bis weit über die sechziger Jahre hinaus indes der Haubenlastwagen. Als man ihn in Deutschland längst durch die neue, ebenso erfolgreiche Kurzhauben-Generation ersetzt hatte, wurden für den Klassiker immer noch Teilesätze für den Export gefertigt. Bis 1967 erhielt Argentinien über 14.000, Brasilien bis 1966 über 76.000

Die seitlich aufzustellenden Motorhauben erlaubten ein gute Zugänglichkeit des Motors.

und Indien sogar bis 1974 mehr als 142.000 Bausätze der Reihe L 311 / 312.

Dass der mittelschwere Nachkriegs-Hauber von Mercedes-Benz bis heute seine Freunde in der ganzen Welt hat, verwundert nicht. In südlichen Ländern und denen der Dritten Welt kann man hier und da noch aktive Exemplare sehen. Dass Leidenschaften keine Grenzen kennen, davon zeugt auch unser hier vorgestellter Vertreter. Einen Traum, der zu DDR-Zeiten unerreichbar schien (wenngleich es auf abenteuerliche Weise doch einzelne Wagen jenseits des Eisernen Vorhangs verschlug), erfüllte sich Ludwig Buhrow aus Ribnitz-Damgarten. Diesen Traum eines „West-Lasters" konnte er, wenngleich erst einige Jahrzehnte später, im Jahr 2001 verwirklichen. Von Januar bis Oktober 2002 restaurierte er einen L 312 von 1957. Jener zeigt sich heute in einem Zustand, als hätte es eine Teilung Deutschlands nie gegeben. ◀

Durch diesen Luftfilter bezog der Sechszylinder seine Atemluft.

Auch unbefestigte Feldwege jenseits befestigter Straßen stellten für den 4,5-Tonner kein Problem dar.

Daten & Fakten: Mercedes-Benz L 312 Pritschenwagen

▶ **Motor:**
Reihen-Sechszylinder-Viertakt-Vorkammer-Dieselmotor, Fabrikat Daimler-Benz, Typ OM 312, wassergekühlt, Bohrung 90 mm, Hub 120 mm, Hubraum 4580 ccm, Leistung 90 PS bei 2800 U/min (ab 1956: 100 PS bei 3000 U/min)

▶ **Kraftübertragung/Antrieb:**
vollsynchronisiertes Fünfgang-Getriebe, Hinterradantrieb

▶ **Fahrwerk:**
Leiterrahmen, Starrachse vorn und hinten, hydraulische Öldruck-Fußbremse mit Druckluft-Servounterstützung, Stahlblech-Scheibenräder, Bereifung 8.25-20 (hinten zwillingsbereift)

▶ **Maße/Gewicht:**
Länge 6565 oder 7265 mm, Breite 2240 mm, Höhe 2325 mm, Radstand 3600 oder 4200 mm, Spur vorn 1700 mm, hinten 1700 mm, Eigengewicht 3220 oder 3300 kg, Nutzlast 4500 kg

▶ **Fahrleistungen/Verbrauch:**
Höchstgeschwindigkeit 75 km/h, Verbrauch 18 Liter/100 km

▶ **Bauzeit/Stückzahl:**
1953 – 1961, 64.793 Stück

Praktisch, aber schmucklos präsentierte sich der Arbeitsplatz des Mercedes-Fahrers.

Die Marke Magirus hat auch heute noch in zweierlei Hinsicht einen klangvollen Namen. Zum einen sind ihre Wurzeln die des wohl bekanntesten deutschen Herstellers für Feuerlöschfahrzeuge, zum anderen steht der Name für leistungsfähige Lastwagen und Omnibusse, und diese vor allem mit luftgekühlten Deutz-Motoren. Nicht zuletzt durch ihren unverkennbaren Klang waren Magirus-Lastwagen nach dem Krieg sehr bekannt.

Magirus Sirius

Griff nach den Sternen

Ein typisches Bild stellten der Seilbagger „Fuchs 301" und der Magirus „Sirius" auf den Baustellen der 60er Jahre dar.

Die Marke Magirus zählt zu den traditionsreichsten deutschen Marken im Fahrzeugbau. Ihre Wurzeln reichen in das Jahr 1866 zurück, als der Ulmer Feuerwehr-Kommandant Conrad Dietrich Magirus sich als selbständiger Kaufmann im Handelsregister eintragen ließ. Sein Ziel war, „sich der Technik des Feuerlöschwesens ganz zu widmen und eine Fabrik ins Leben zu rufen, in welcher alle irgendwie zum Feuerlöschdienst gehörigen Requisiten mit äußerster Sorgfalt nach den besten Mustern gefertigt werden sollen" – wie die Deutsche Feuerwehrzeitung seinerzeit berichtete. Neben dem Bau einfacher Leitern wuchs die Produktion binnen kurzer Zeit auf eine fast unüberschaubares Auswahl an jeglichem Löschgerät. Wichtige Stationen waren 1892 die Fertigstellung der ersten Drehleiter und ein Jahr später der ersten Motorspritze. 1903 lieferte Magirus auch eine erste Dampfmotor-Spritze. Der Gründer, 1895 verstorben, hatte zwar den schnellen Aufschwung seines Betriebes noch verfolgen können; die volle Blüte zu erleben, war ihm jedoch nicht mehr vergönnt.

1916 gehörte die inzwischen zur Aktiengesellschaft umgewandelte Magirus AG zu jenen leistungsfähigen Maschinenfabriken, die sich auf Veranlassung der Heeresleitung fortan dem Lastwagenbau widmen wollten. Mit Ausbruch des Ersten Weltkrieges bestand auf deutscher Seite enormer Bedarf an Lastwagen für den militärischen Einsatz. Trotz so genannter Subventionszüge, mit denen man schon vor dem Krieg die private Wirtschaft gelockt hatte, ihre Transporte zu motorisieren und die Fahrzeuge im Kriegsfalle bereitzustellen, war das kaiserliche Heer diesbezüglich unterversorgt. Neben der Aussicht auf umfangreiche Staatsaufträge, bot jener Zweig Magirus einen weiteren Vorteil. Die Ulmer wurden damit in die Lage versetzt, komplette Feuerwehrfahrzeuge zu bauen und nicht nur als Aufbauhersteller zu fungieren, was sie darüber hinaus trotzdem mit marktbeherrschender Stellung fortsetzten. Damit wurde die Automobilab-

Magirus Sirius

Griff nach den Sternen

teilung zu einem wichtigen Pfeiler des Unternehmens.

Die Nutzfahrzeuge von Magirus machten sich schnell einen guten Namen durch ihre hohe Qualität. Dennoch wurde die deutsche Automobilindustrie in den Jahren nach dem Ersten Weltkrieg durch zahlreiche Tiefschläge gebeutelt, im besonderen die Lastwagenfabriken. Nicht nur ein Überangebot inländischer, sondern vor allem auch eine Schwemme wesentlich preisgünstigerer Importfahrzeuge verstopften den Markt. Zudem hatten die freigesetzten Heeresbestände Anfang der zwanziger Jahre vorübergehend den Absatz neuer Wagen zum Erliegen gebracht.

Magirus baute auf starke Partner, mit denen man die turbulenten Jahre überstehen wollte. Doch der Deutsche Automobilkonzern (DAK), übrigens der erste seiner Art, in dem man mit Presto (Chemnitz), Dux (Leipzig) und der VOMAG (Plauen) gemeinsame Wege gehen wollte, zerfiel schon 1926 wieder. Jene Zeit und die der anschließenden Weltwirtschaftskrise überstanden nur die kreativsten und wirtschaftlich fundiertesten Lastwagenbauer. Magirus gehörte dazu, und doch geriet man in stärkere Hände, wenn auch keineswegs zum Nachteil für die weitere Entwicklung.

Im September 1935 war es zu einem Interessensvertrag zwischen der Humboldt-Deutz-Motoren-AG in Köln und der Ulmer Magirus AG gekommen. In deren Folge fusionierten die beiden Unternehmen im März des Folgejahres. Als Abteilung von Humboldt-Deutz gestand man Magirus noch eine gewisse Autonomie zu, der stärkere von beiden aber hatte sein lang gehegtes Ziel erreicht. Die „älteste Motorenfabrik der Welt", wie sich die Köln-Deutzer selbstbewusst nannten,

Der „Meiller"-Kippaufbau konnte sowohl als Hinter- wie auch als Seitenkipper verwendet werden.

59

Das Öffnen der Bordwände war noch Handarbeit. Das Kippen nach der Seite forderte einiges Geschick des Fahrers, wollte er sich nicht im eigenen Schüttgut festfahren.

war lange auf der Suche nach einem geeigneten Fahrzeugbauer gewesen. Nachdem eigene Versuche gescheitert waren, über den Motorenbau auch Automobile zu verkaufen, war man auf Brautschau gegangen, um mit dem Absatz seiner Triebwerke direkt zum Kunden durchzudringen. Allein der Verkauf von Antrieben für diverse Fahrzeughersteller blieb immer ein ungewisses Spiel. In Magirus mit seinem umfangreichen Nutzfahrzeugprogramm vom Eintonner bis zum Schwerlastwagen sowie Omnibussen und den Feuerlöscheinrichtungen, die ebenfalls eines motorischen Antriebs bedurften, glaubte die Motorenfabrik ihr Ziel erreicht zu haben. Das Selbstbewusstsein war so stark, dass man 1940 wagte, den eingeführten Markennamen Magirus fallen zu lassen. Bereits seit 1938 firmierte der Konzern unter Klöckner-Humboldt-Deutz AG. Nun trug ein nach den Typenbeschränkungsplänen der Nazis entworfener neuer Dreitonner den Namen „Klöckner-Deutz" beziehungsweise KHD als Abkürzung für Klöckner-Humboldt-Deutz. Die modernen Lastwagen gab es in Standardausführung mit Hinterradantrieb als S 330 und mit Allradantrieb als A 330. In Anlehnung an die Nutzlastklassen bekamen sie 1941 die neuen Bezeichnungen S 3000 beziehungsweise A 3000.

Nach der schweren Zerstörung Ulms und den Aufräumungsarbeiten gelang es im Oktober 1945 in bescheidenstem Rahmen erste Fahrzeuge zusammenzusetzen. Man begann mit dem S 3000, der wie zuvor einen wassergekühlten Vierzylinder-Dieselmotor mit 80 PS eingepflanzt bekam. Teilweise bestückte man ab Werk die Fahrzeuge gleich mit Imbert-Holzgas-Generatoren. 1948 begann man dann, einen neuen, 75 PS leistenden Vierzylinder einzubauen, der über Luftkühlung verfügte. Seine Geschichte geht bis auf das Jahr 1935 zurück. In jenem Jahr hatte man bei Deutz unter Leitung von Dr.-Ing. Emil Flatz die Entwicklung eines Dieselmotors mit Luftkühlung begonnen. Als von der Wehrmacht 1942 an vier Motorenhersteller ein Auftrag zur Schaffung eines luftgekühlten Dieselmotors erteilt wurde, traf dies Klöckner-Humboldt-Deutz nicht unvorbereitet. So konnte binnen kurzem dem Auftrag entsprochen werden, und der Deutz-

Im schweren Gelände war schon energische Arbeit am Lenkrad vonnöten, um den beladenen Kipper auf Kurs zu halten.

Der Winker hatte ausgedient, jetzt zierten Blinklichter, natürlich mit Chrom, die Kotflügel.

Unter der gewaltigen „Alligator"-Haube werkelte der luftgekühlte Vierzylinder-Reihendiesel.

Motor zeigte sich gegenüber seinen Konkurrenten überlegen. Noch 1944 begann die Serienfertigung.

Nachdem vom luftgekühlten Deutz-Diesel lediglich 800 Stück während des Krieges im „Raupenschlepper Ost", einem Kettenschlepper für die Wehrmacht, verwendet worden waren, zog man die Konstruktionspläne für das Triebwerk für eine Nachkriegsfertigung wieder aus den Schubladen. Gleichzeitig wurde der S 3000 überarbeitet und seine Nutzlast auf 3,5 to angehoben. In einer neu errichteten Halle begann 1948 der hoffnungsvolle Wiederanlauf einer Lastwagenproduktion. Anfangs verließen täglich sechs bis acht fertige Lastwagen mit der markant eckigen Haube das Ulmer Werk. Die Konzernspitze musste aber auch feststellen, dass die Kundschaft nach wie vor die Marke Magirus favorisierte und besann sich auf die traditionellen Werte dieses Namens: Das Modell S 3500 wurde ab 1949 unter der Marke „Magirus-Deutz" verkauft.

Im April 1951 war Magirus auf der ersten nach dem Krieg stattfindenden Internationalen Automobilausstellung in Frankfurt am Main vertreten und wartete mit einer Überraschung auf. Neue, formschön gestaltete Hauben mit flacher Rundung zierten ein Modellprogramm, mit dem man im wahrsten Sinne des Wortes nach den Sternen griff. Denn die Marke Magirus kehrte in Gemeinschaft mit Deutz nicht nur mit einem umfassende Angebot zurück – ab 1955 zierten auch Planetennamen die Baureihen. Neben Mercur (4,5-Tonner), Saturn (5-Tonner) und Jupiter (7- bis 8-Tonner) setzte der ehemalige S 3500 sich nunmehr im Pluto fort. 1957 wurde die Verkaufsbezeichnung beim kleinen Dreieinhalbtonner in Sirius geändert.

Das komplette Programm stützte sich über verschie-

Magirus Sirius
Griff nach den Sternen

Ein nagelneuer Motor, günstig aus Bundeswehrbeständen erworben, musste den durch die harten Beanspruchungen im Fahrschuleinsatz verschlissenen Originalmotor ersetzen.

dene Generationen auf die luftgekühlten Deutz-Dieselmotoren. Ihr markantes Heulen blieb über Jahrzehnte hinweg ihr Erkennungszeichen. Wenngleich das laute Motorengeräusch auch nicht unbedingt verkaufsfördernd war, so lagen doch einsatztechnische Vorteile auf der Hand. Gerade für den Export in extreme Klimazonen war die unproblematische Luftkühlung von Vorteil. Darüber hinaus erwarben sich die „Deutschen Bullen" – wie in den siebziger Jahren eine kernige Werbung versprach – einen guten Ruf durch robuste und hochwertige Bauweise.

Einen echten „Heuler" hat sich auch Stefan Schumacher aus Willich-Anrath gesichert. Der Sirius-Kipper von 1958 befindet sich – man mag es kaum glauben – nicht nur im Originalzustand, sondern verfügt auch über den originalen Lack. Das mag auf den ersten Blick angesichts üblicher Verschleißerscheinungen von Baufahrzeugen kaum denkbar erscheinen, es sei denn, der Wagen hätte mehr Zeit in der Garage als im Einsatz verbracht. Des Rätsels Lösung: Es handelt sich um einen ehemaligen Fahrschulwagen, wenngleich die Frage ungeklärt bleibt, warum er als solcher über

Die holzbeplankte „Meiller"-Kippbrücke bewährte sich im rauen Baustellenbetrieb bestens.

einen gegenüber der Pritsche in jedem Fall teureren Miller-Kipp-Aufbau verfügt. Da er entgegen erster Annahme keineswegs geschont wurde, tauschte sein heutiger Besitzer den altersschwachen Deutz-Motor gegen ein anderes Exemplar aus, welches er ungenutzt aus Armeebeständen erwerben konnte. Am Ende blieb nur noch, den Bordwänden neues Holz und natürlich einen neuen Anstrich zu spendieren – und vor uns steht ein fast vierzig Jahre alter Lastesel in beneidenswert gut erhaltenem Zustand. ◀

Daten & Fakten: Magirus Sirius Kipper

▶ **Motor:**
Reihen-Vierzylinder-Viertakt-Wirbelkammer-Dieselmotor, Fabrikat Klöckner-Humboldt-Deutz, Typ F 4 L 514, luftgekühlt, Bohrung 110 mm, Hub 140 mm, Hubraum 5322 ccm, Leistung 85 PS bei 2300 U/min

▶ **Kraftübertragung/Antrieb:**
Fünfgang-Getriebe, Hinterradantrieb

▶ **Fahrwerk:**
Leiterrahmen, Starrachse vorn und hinten mit Halbelliptikfedern, hydraulische Öldruck-Fußbremse, auf Wunsch mit Druckluft-Zusatzbremse, Stahlblech-Scheibenräder, Bereifung 7.50-20 PR 8 oder 10 (hinten zwillingsbereift)

▶ **Maße/Gewicht:**
Länge 6100 mm, Breite 2250 mm, Höhe 2250 mm, Radstand 3700 mm, Spur vorn 1815 mm, hinten 1615 mm, Eigengewicht 3950 kg, Nutzlast 3500 bis 3900 kg

▶ **Fahrleistungen/Verbrauch:**
Höchstgeschwindigkeit 72 km/h, Verbrauch 13,5 Liter/100 km

▶ **Bauzeit/Stückzahl:**
1957 – 1964, Stückzahl nicht bekannt

Bei feuchtem Sand reichten schon wenige Greiferladungen, um die Nutzlastgrenze des „Sirius" zu erreichen.

TRANSPORT
HINZ
HENSCHEL
SAVIEM-RENAULT
KS-AA 401
Möbelfernverkehr
Standort Kassel

Was hätte ein bodenständiger Kasseler Möbelspediteur in den sechziger Jahren wohl anderes besessen als einen Henschel? Und die Familie schwört heute noch auf ihn, obgleich er lange sein Gnadenbrot in einer Ecke des Hofes bekam. Nicht nur in Kassel gibt es bis heute Nutzfahrzeug-Freunde, die sich gern an die soliden Lastwagen mit jenem Stern am Kühler erinnern, der doppelt so viele Zacken hat wie jener aus Stuttgart.

Henschel HS 12 HL

Auf ewig verbunden

Im gepflegten Originalzustand präsentiert sich dieser Henschel-Möbelwagen. Der Zahn der Zeit macht allerdings eine Teilrestaurierung nötig.

Als Anfang 1969 die beide im Besitz der Rheinischen Stahlwerke AG befindlichen Lastwagenbauer Hanomag und Henschel zusammengefasst wurden, schien sich das Schicksal zweier Unternehmen zu vereinigen, deren Geschichte gewisse Parallelen aufwies. Wie bei den Hannoveranern geht der Ursprung des Hauses Henschel auf eine Gründung zurück, die im 19. Jahrhundert erfolgte. Auch Henschel & Sohn in Kassel war ein führendes Unternehmen im Lokomotivenbau. Nahezu parallel erfolgte 1923 durch die sechste Unternehmergeneration der Einstieg in den Bau von Dampf-Straßenwalzen und nur zwei Jahre später die Aufnahme der Lastwagen- und Omnibusfertigung. Oscar Robert Henschel versprach sich durch die weitere Diversifikation des Unternehmens bessere Überlebenschancen in dem noch jungen, wirtschaftlich aber sehr wechselhaften 20. Jahrhundert.

Wie es schon der süddeutsche Maschinenbauer M.A.N. bewiesen hatte, zahlte es sich für einen Neueinstieg in den Lastwagenbau aus, auf kostspielige Experimente zu verzichten und lieber durch eine Lizenzfertigung zu einem reifen Produkt zu gelangen. Also begab sich Henschel auf Einkaufstour in die Schweiz und wurde in Wetzikon bei Zürich fündig. Dort baute in bekannter Schweizer Präzisionsarbeit Franz Brozincevic Lastwagen unter der Markenbezeichnung FBW. Im Sommer 1925 debütierte der erste bei Henschel in FBW-Lizenz gefertigte Lastwagen, ein Fünftonner mit modernem Kardanantrieb und 50 PS Leistung. Gleichzeitig schickte man den ersten Kasseler Omnibus auf Werbefahrt durch

Henschel HS 12 HL
Auf ewig verbunden

Wenn eine solche Rampe zur Verfügung stand, war das Beladen fast ein Kinderspiel.

Deutschland, worauf er nicht nur mit einer Bestellung des Reichspostministeriums für deren Linienverkehr zurückkehrte.

Der gute Name von Henschel & Sohn erleichterte den Aufbau eines Lastwagenvertriebs. Aus dem FBW-Nachbau entwickelten sich bald eigene Modelle, die das Spektrum von drei bis neun Tonnen Nutzlast abdeckten. Nur wenige Hersteller boten seinerzeit ein Programm, das vom kleinen, sogenannten Schnelllastwagen bis zu dreiachsigen Schwergewichten reichte. Zudem experimentierte man schon an der Schwelle

Die für die „Ackermann"-Kofferaufbauten so typischen Alu-Zierleisten an der Dachkante erinnern an Flügel von Hermes, dem Götterboten.

Beim Rückwärtsfahren musste man sich schon auf seinen Einweiser verlassen können.

Henschel HS 12 HL
Auf ewig verbunden

zu den dreißiger Jahren mit alternativen Treibstoffen in Form des Holzgasgenerators. Frühzeitig erkannte Henschel auch die Vorteile des Dieselmotors, kaufte jedoch ab 1930 vorerst Selbstzünder von Deutz ein, um Zeit für eigene Entwicklungen zu gewinnen. Aber auch hier erwies sich eine Nachbaulizenz als effizientes Mittel, schneller zum Ziel zu kommen. Von der Schweizer Aero AG in Küssnacht erwarb Henschel die Genehmigung für den Bau eines Dieselmotors nach dem Luftspeicherverfahren. 1932 wechselte man zu einem ähnlichen System nach einer Lizenz der Münchener Lanova GmbH. Die Lanova-Motoren wurden für Henschel fortan kennzeichnend. Bei jenem Verfahren sorgt ein an den Hauptbrennraum angeschlossener Luftspeicher für eine Teilverbrennung, die dadurch gekennzeichnet ist, dass dort früher ein höherer Druck entsteht als im Hauptbrennraum. Die energisch ausströmende Speicherladung bewirkt eine optimale Verbrennung im eigentlichen Brennraum. Nach diesem Prinzip arbeitende Motoren bot Henschel von 60 bis 125 PS an. Anders als Hanomag war der Kasseler Konkurrent in den dreißiger Jahren im Lastwagenbau sehr erfolgreich und fertigte nach wie vor Lokomotiven, darunter die legendären Baureihen 01 und 45. Auch Dampflastwagen und -Busse sind bei Henschel in den dreißiger Jahren hergestellt worden. Nach schweren Zerstörungen während des Krieges begann man 1945 mit der Instandsetzung amerikanischer Militärfahrzeuge und dem Bau von Dieselmotoren. Teilweise wurden die GMC-Dreiachser durch die Henschel-Motoren nun wesentlich wirtschaftlicher einsetzbar und durch die Ausmusterung aus der US Army in einiger Zahl in der deutschen Wirtschaft eingesetzt. Henschel ließ für die bei ihr instandgesetzten und mit neuen Motoren bestückten Fahrzeuge sogar Prospekte drucken. 1946 konnte der Bau von Oberleitungsbussen wieder anlaufen, eine Sparte, in der Henschel während des Krieges neben M.A.N. zu den wichtigsten Lieferanten von Fahrgestellen gehört hatte. Erst 1950 war es endlich wieder soweit, neben dem bereits gut laufenden Dieselmotorenbau die ersten kompletten Lastwagen zu montieren. Es handelte sich

Die allgegenwärtigen Schilder der Firma Ackermann sorgten dafür, dass man nicht vergessen konnte, wer den Möbelwagen karossiert hatte.

71

um die Sechstonner-Haubenlastwagen HS 6. Aufsehen erregte ein ehrgeiziges Omnibusprojekt: Henschel stellte doppelmotorige „Bimot"-Busse vor, deren insgesamt zwölf Zylinder eine für damalige Verhältnisse ungewöhnlich hohe Leistung von 190 PS abgaben. Dennoch spülten diese Fahrzeuge weder als Omnibus noch als Lastwagen kein Geld in die Firmenkasse.

Der Sechstonner hingegen sollte sich für das kommende Jahrzehnt als sichere Basis erweisen. Zunächst weiterentwickelt als Modell HS 140, gab es ihn mit immer wieder verbesserter Technik bis 1961. Nach längerer Abstinenz brachte Henschel daneben ab 1951 erneut einen mittelschweren Hauben-Lastwagen heraus. Als HS 100 bezeichnet, war er ebenfalls ein erfolgreiches Baumuster. In den wesentlichsten Zügen lebte seine Konstruktion bis 1971 fort. Bezüglich seiner Leistung von 100 PS zusammen mit „HS" als Kürzel für „Henschel" gab die Bezeichnung anders als bei den meisten Herstellern nicht die Tonnage an. Während die Leistung bis 1962 auf 132 PS stieg, nahm auch die Nutzlast von 4,5 bis auf 6,5 to zu. Um das Angebot abzustufen, bot Henschel sowohl abgespeckte als auch schwerere Ableger des HS 100 an. Ständige

Ein riesiger Luftfilter sorgt für den nötigen Durchsatz an Frischluft für den Sechszylinder.

Diese drei großen Fahrzeughersteller verwirklichten schon sehr früh den Europa-Gedanken.

Doppelt so viele Zacken wie die Laster von Daimler-Benz zierten diesen Henschel-LKW.

Änderungen an den Typen machen diese heute kaum mehr überschaubar. Als HS 120 gab es ab Anfang 1955 zudem den abgeleiteten 6,5-Tonner mit 125 PS. Im Zuge neuer Typenbezeichnungen mauserte er sich ab der Internationalen Automobil-Ausstellung 1961 zum Henschel HS 12. Da es im Zuge ständiger Verbesserungen nur noch wenig Sinn machte, die Motorleistung als Kennzeichen heranzuziehen, verbarg sich hinter den neuen Modellbezeichnungen nunmehr die Gesamtmasse in Tonnen.

Während sich die mittelschweren und schweren Lastwagen sehr gut absetzen ließen, verkauften sich die kleinen Lastwagen der Baureihe HS 90 nur schleppend. Aber dies allein war nicht die Ursache, dass die Familie Henschel 1957 finanziell ins Schlingern geriet. Mit einer Auffanggesellschaft, an welcher der Düsseldorfer Industriemanager Dr. Fritz Aurel Goergen beteiligt war und deren Vorsitz er übernahm, gelang es, das 8000 Mitarbeiter zählende Unternehmen bis 1961 wieder auf eine Stärke von 13.500 zu bringen. Henschel war saniert und erwirtschaftete einen Umsatz von 460 Millionen DM, an denen der Nutzfahrzeugbau immerhin 50 Prozent ausmachte.

Ein glatter, gebohnerter Holzfußboden erleichterte den Möbelpackern die Arbeit ganz erheblich.

Die Patina von Lenkrad und Amaturenbrett lässt auf ein langes und intensives Arbeitsleben schließen.

Nachdem auf der Automobilausstellung im September 1961 eine neue Generation mit beispielhaftem Design und Innenausstattung debütierte, hatte Henschel Grund genug, wieder frohen Mutes in die Zukunft zu blicken. Doch unter der Beschuldigung angeblicher Unregelmäßigkeiten bei Reparaturen an Bundeswehr-Panzern amerikanischer Herkunft wurde Goergen im April 1964 verhaftet. Erst nach sieben Jahren kam die Justiz zu der Einsicht, einem Irrtum aufgesessen zu sein, zu spät jedoch für das in diesem Strudel angeschlagene Unternehmen. Noch 1964 übernahmen die Rheinischen Stahlwerke AG in Essen die Henschel-Werke.

Nach gescheiterten Kooperationen mit dem französi-

Auch den Hupenknopf ziert der Henschelstern.

Henschel HS 12 HL
Auf ewig verbunden

schen Unternehmen Saviem und der Rootes-Gruppe in England arbeitete die Fahrzeugbausparte des Rheinstahl-Konzerns weiterhin mit Verlust. Rheinstahl, seit 1934 auch im Besitz von Hanomag, fasste 1969 den Entschluss, die beiden Hersteller unter einem Dach zusammenzuführen. Als Hanomag-Henschel-Fahrzeugwerke GmbH mit Sitz in Hannover sollten die beiden Traditionsmarken nun gemeinsam ihren Untergang erleben. Daimler-Benz steuerte 51 Prozent des Geschäftskapitals an der neuen Gesellschaft bei und verleibte wenig später die Werke in seinen Konzern ein. Anfang der siebziger Jahre waren die Lastwagen von Henschel und damit auch von Hanomag Geschichte.

Abgeschlossen schien auch die Geschichte des hier abgebildeten Henschel HS 12. Am 25. Juni 1963 hatte er in seiner Heimatstadt Kassel den Dienst in der Möbelspedition Paul Hinz angetreten; bis Januar 1974 verrichtete er Tag für Tag seine Aufgabe zum Transport von Umzugsgut. Mit einer Laufleistung von 432.000 km auf dem Tacho wurde er anschließend durch einen Mercedes-Benz LP 1113 ersetzt, der wesentlich mehr Ladevolumen aufwies. Der Henschel aber verblieb in erster Hand und verließ den Firmenhof nicht. Als Lager für Umzugsgut tat er auf dem Hinzschen Gelände noch seinen guten Dienst. Geweckt vom inzwischen ausgebrochenen Oldtimerbazillus, machte sich die Familie über ein Jahrzehnt später daran, den Henschel noch einmal zu starten. Und siehe da, nach Einbau frischer Batterien und entlüfteter Einspritzpumpe sprang der gute alte Henschel problemlos an. Doch um das Fahrzeug wieder in einen einigermaßen ordentlichen Gebrauchszustand zu versetzen, erwiesen sich die erforderlichen Arbeiten als sehr umfangreich, zumal die Witterung dem Fahrzeug äußerlich stark zugesetzt hatte. Im Freien stehend, hatte sich der Rost schon umfassend festgesetzt. Dennoch ließ die Familie Hinz ihren alten Weggefährten nicht auf der Strecke. 1988 war er erstmals wieder in ansehnlichem Zustand auf dem Nutzfahrzeugtreffen in Castrop-Rauxel zu sehen. ◂

Auf eine der unverwüstlichen Dampflokführermützen war auch ein „Möbelkutscher" scharf.

Das Standortschild zeigt dem Kenner: Dieser Henschel ist seiner Heimatstadt stets treu geblieben.

Auch links neben dem Fahresitz fand sich noch ein Plätzchen für einen eher schmalen Möbelpacker.

Henschel HS 12 HL Möbelwagen

▶ **Motor:**
Reihen-Sechszylinder-Viertakt-Luftspeicher-Dieselmotor, ohne oder mit Roots-Gebläse, Fabrikat Henschel (Lanova), Typ 6 R 1013 PF (ab Oktober 1962: 6 R 1013 VT) oder 6 R 1013 TA, wassergekühlt, Bohrung 100 mm, Hub 130 mm, Hubraum 6126 ccm, Leistung 132 PS oder 150 PS (mit Gebläse) bei 2600 U/min

▶ **Kraftübertragung/Antrieb:**
Sechsgang-Getriebe, Hinterradantrieb

▶ **Fahrwerk:**
Leiterrahmen, Starrachse vorn und hinten, Druckluft-Fußbremse, Stahlblech-Scheibenräder, Bereifung 9.00-20 (hinten zwillingsbereift)

▶ **Maße/Gewicht:**
Länge 8415 mm, Breite 2500 mm, Höhe 2505 mm (normales Serienfahrerhaus), Radstand 5200 mm, Spur vorn 1900 mm, hinten 1680 mm, Eigengewicht 4900 kg, Nutzlast 7100 kg

▶ **Fahrleistungen/Verbrauch:**
Höchstgeschwindigkeit 78-86 km/h; Verbrauch nicht angegeben

▶ **Bauzeit/Stückzahl:**
1961 – 1967, 2.683 Stück der Baureihe HS 12

Eine gewisse Geschicklichkeit benötigte der Fahrer, wollte er den HS 12 auf das Firmengelände bugsieren.

Der Zweitakt-Dieselmotor und die
Lastwagen von Krupp waren schon vor dem Zweiten
Weltkrieg unzertrennlich. Doch obgleich der Essener
Stahlriese mit interessanten Konstruktionen in die Nach-
kriegsgeschichte einging, führte die unkonventionelle Motorenwahl geradewegs
in die Sackgasse. Krupp war in diesem Punkt uneinsichtig, und daher bedeutete
dies den Anfang vom Ende einer großen Nutzfahrzeugmarke.

Krupp L 8 Tg 5 Tiger

Den Tiger nicht nur im Tank

Um dieses gewaltige Gespann auf Firmenhöfen zu rangieren, brauchte es den ganzen Mann.

Krupp L 8 Tg 5 Tiger

Den Tiger nicht nur im Tank

Die Trilex-Felgen mit der gewaltigen 14.00-20-Single-Bereifung verstärken den wuchtigen Eindruck des Kässbohrer-Kofferanhängers noch.

Als Ende der vierziger Jahre drei Konstrukteure der Plauener VOMAG mit vollen Aktentaschen gen Westen zogen, schien es, als wartete man im nahegelegenen fränkischen Kulmbach buchstäblich auf sie. Unter ihnen befand sich Chefkonstrukteur Keilhack der einst namhaften Vogtländischen Maschinenfabrik, die seit 1915 zu den großen deutschen Nutzfahrzeugmarken zählte. Sie hatte durch Demontage und Sprengung inzwischen aufgehört zu existieren. Nachdem sich Keilhack vorübergehend als freischaffender Konstrukteur für die Zwickauer Horch-Werke und das ehemalige Schumann-Werk in Werdau durchgeschlagen hatte, sah er im sowjetisch besetzten Teil Deutschlands keine Perspektive mehr. Zusammen mit den Kollegen Albert und Weiße bereitete Keilhack die Flucht vor und nahm Pläne eines neuen Schwerlastwagens der VOMAG mit, der nach dem Krieg in einem neu errichteten Werk hätte vom Band laufen sollen. Mit dem Ausgang des Krieges jedoch waren alle in Plauen erarbeiteten Planungen hinfällig geworden.

In Kulmbach hatte man während des Krieges die Lastwagen-Sparte des Krupp-Konzerns angesiedelt; in der Mälzerei der Ersten Kulmbacher-Aktien-Brauerei war der Motorenbau untergebracht worden. Die Verwaltung saß in Bamberg, der Fahrgestell-Zusammenbau erfolgte in den Hallen der Südeisenbau sowie in Räumlichkeiten der Eisen- und Stahlhandel AG Otto Wolf in Nürnberg. Mit der Verhaftung Alfried Krupp von Bohlen und Halbachs sowie seiner Verurteilung während der Nürnberger Prozesse ging die beabsichtigte Zerschlagung des Krupp-Konzerns einher. Die Alliierten planten – ähnlich wie in Ostdeutschland

81

Der Winker war stilvoll in die Karosserie integriert.

bekannt war. Das beim Dieselmotor ungewöhnliche Zweitaktverfahren beruhte auf einer Lizenz. Da Krupp wie viele andere Nutzfahrzeughersteller keine Dieselmotoren für schwere Lastwagen in eigener Regie entwickelt hatte, verwendete man bereits seit Ende der zwanziger Jahre Gegenkolbenmotoren der Dessauer Firma Junkers und übernahm diese als Lizenz ab 1931 in eigener Fertigung. Darauf aufbauend, arbeitete man bis zum Beginn des Zweiten Weltkrieges an einer eigenen Konstruktion. Unter Abkehr des Gegenkolbenprinzips präsentierte Krupp im Sommer 1940 einen Zweitakt-Diesel nach dem Gleichstromverfahren; Zylinder und Kurbelgehäuse des Achtzylinder-V-Motors waren aus einem Stück Siluminguss. Zunächst noch mit Vorkammer-, dann mit Direkteinspritzung beflügelte ein Roots-Gebläse den Verbrennungsvorgang. Nach kriegsbedingter Unterbrechung

tausendfach praktiziert – die vollständige Demontage des großen deutschen Rüstungskonzerns und die Sprengung der Werksanlagen sowie Aufteilung verbleibender Betriebsteile in kleine Einzelunternehmen. Bei diesem Hintergrund unterließen die Verantwortlichen bei Krupp zunächst eine Rückverlegung der zerstreuten Lastwagenproduktion nach Essen. Die ausgelagerte Automobilsparte von Krupp firmierte unter dem Namen „Südwerke" und begann 1946, die Lastwagenproduktion wieder aufzunehmen. Der erste Nachkriegstyp war der Viereinhalbtonner L 45, den man anfangs mit einem 110-PS-Vergasermotor ausrüstete, um einen Großteil davon mit Imbert-Holzgas-Generatoren abliefern zu können. Mit diesen sank die Leistung auf nur noch 75 PS ab.

Ab 1948 wurde die Nutzlast auf fünf Tonnen erhöht und der Südwerke L 50 genannte Lastwagen auch wieder mit Dieselmotor angeboten. Hier griff man auf den Zweitakter zurück, für den Krupp schon lange

Die windschnittige Chromleiste mit den drei Ringen zierte die Motorhaube des „Tigers".

Krupp L 8 Tg 5 Tiger
Den Tiger nicht nur im Tank

Typisch für Krupp-LKW waren die werbewirksamen Typen- und Leistungsbezeichnungen auf der Stoßstange.

wurde die Entwicklung fortgesetzt, um eine neue Lastwagen-Generation anzutreiben.

Für die Arbeiten am Fahrgestell erwiesen sich die aus Plauen mitgebrachten Pläne als sehr hilfreich. Nahezu identisch, jedoch für eine Nutzlast von 8 Tonnen verstärkt, übernahm man die Grundzüge der einstigen VOMAG-Konstruktion. Nach der Währungsreform wurde derweil die Luft für die sehr einfach gestrickten Lastwagen der Südwerke dünner. Die Geschäftsleitung drängte auf Fertigstellung des neuen Modells. Der Zweitakt-Dieselmotor war 1950 bei weitem nicht voll ausgereift, weshalb sich die VOMAG-Konstrukteure mit den Anhängern des Zweitakt-Prinzips in den Südwerken heftige Kämpfe lieferten. Den Emigranten aus Plauen gelang es jedoch nicht, ihren bekannt zuverlässigen VOMAG-Motor mit ehrlichen 200 PS gegen den unfertigen Zweitakter durchzusetzen – mit

Auch die Schmutzfänger der zwillingsbereiften Hinterachse zierten die Krupp-Ringe.

War es beim Rangieren zu eng, wurde der Hänger auch schon mal „auf die Schnauze genommen".

Selbst die Hängerkupplung und die Anschlüsse für Licht und Luft verschwanden unter der Verkleidung des Kofferaufbaus.

fatalen Folgen, wie sich herausstellen sollte. Der nach dem Wirbelkammer-Verfahren der Firma Oberhänsli aus Bregenz arbeitende VOMAG-Motor hatte sich bislang tausendfach bewährt und war während des Krieges von 160 auf 200 PS gesteigert worden.

Die Folge war, dass die Südwerke mit ihrem Typ L 80 im August 1950 übereilt auf den Markt kamen. Unter dem Verkaufsnamen „Titan" wurde er legendär, allein schon durch seines richtungsweisendes Styling mit der runden Schnauze – die von VOMAG übrigens schon 1939 verwendet worden war. Der zwischen 190 und 210 PS leistende Zweitakter war zwar sehr temperamentvoll, aber nicht standfest genug. Von bislang fünf Tonnen Nutzlast ergab sich zum Schwerlastwagen Titan mit acht Tonnen außerdem ein enormer Sprung, so dass in kurzer Folge noch ein Sechseinhalbtonner namens „Mustang" und ein neuer Fünftonnen-„Büffel" erschienen.

Parallel dazu hatte sich das Blatt um die Zukunft von Krupp grundlegend gewendet. 1951 wurde Alfried Krupp von Bohlen und Halbach begnadigt. Man erkannte ihm sein Vermögen zu, und nach anfänglicher

Demontage gab es einen Neuanfang für den Stahlriesen. Jetzt konnte auch die Kraftwagenproduktion aus Süddeutschland wieder nach Essen geholt werden. Das Intermezzo „Südwerke" war beendet, und Krupp kehrte als Markenbezeichnung zurück.

Mit dem Ausbau der gleichstromgespülten Zweitakt-Diesel zu einem Baukastensystem von Drei-, Vier-, Fünf- und Sechszylindermotoren bekamen die Kruppianer bis Mitte der fünfziger Jahre endlich auch die Kinderkrankheiten des Motors in den Griff, die beim Titan beinahe zum Ruin des Essener Lastwagenbaus geführt hatten. Was blieb, war die unverkennbare, nicht immer erträglich laute Geräuschkulisse jener Zweitakter. Dank Gebläse und der einem Zweitakter zu Grunde liegenden hohen Literleistung glichen die Motoren zumindest ihr akustisches Manko aus.

Die Nachfolge des Titan trat 1955 der Tiger an, ein in seinen Abmessungen bescheidenerer Nachfahre. Dafür hinterließ er bei den Kunden einen besseren Eindruck, weil zuverlässiger und praktikabler. Mit zeitlos schöner Haubengestaltung und den ausgewogenen Größenverhältnissen geriet er zum Klassiker. Intern trug der Tiger die Bezeichnung L 8 Tg 5. Entschlüsselt steht dies für Lastwagen, ca. 8 Tonnen Nutzlast, Tg als Abkürzung für Tiger und der Zylinderzahl des Motors. Durch neue Gewichtsvorschriften („Sehbohm-Verordnung") gab es für solch ein schweres und durch die Haubenbauweise auch zu langes Fahrzeug jedoch bald keine Nachfrage mehr, so dass der Absatz von 213 Stück im Jahre 1955 auf gerade noch 45 im Jahr 1958 zurück ging. Mit modernisierter Haube blieb er bis 1961 als Typ L 100 Tg 5 als Exportmodell mit 19 to Gesamtgewicht im Programm.

Bis unser Fotomodell zu seinem hervorragendem Zustand zurückfand, sollte es einige Stationen absolvieren. Zunächst wäre da sein Arbeitsleben zu nennen, das es von 1956 bis 1967 im Liniendienst der Continental-Reifenwerke zwischen Hannover und Korbach absolvierte. Danach fristete der Tiger sein Gnadenbrot bei einem Schausteller, das er nach dessen Tod in seinem Apfelgarten zu vollenden schien. Dem gebot 1981 vorerst ein holländischer Sammler Einhalt, bis

Die Inneneinrichtung des „Tigers" war der reine Luxus. Die Firma Kässbohrer hatte nur Materialien verarbeitet, die auch einem PKW zur Ehre gereicht hätten.

Das Herz des „Tigers" – der 185 PS leistende Reihen-Fünfzylinder-Zweitakt-Dieselmotor.

Rangiermanöver wie dieses beweisen: Auch ein Kraftfahrer musste sein Handwerk verstehen.

ein Jahr darauf Klaus Sieh den Krupp erwarb und ihn besseren Zeiten zuführte. Aber selbst der für hervorragende Restaurierungen mit viel Liebe zum Detail bekannte Sammler aus dem holsteinischen Bilsen brauchte mehrere Anläufe. Im Herbst 1988 fand er einem zum Motorwagen passenden Anhänger der Marke Kässbohrer. Erst einmal wurde der Motorwagen „grob geschminkt", denn das Fahren macht ja bekanntlich mehr Spaß. Nachdem Klaus Sieh dafür einen anderen Kandidaten zur Auswahl hatte, war es an der Zeit, zunächst eine „eilige" Restaurierung vorzunehmen und bis 1985 abzuschließen. In Anbetracht des Gesamtumfanges lässt sich ein solches Vorhaben nur in Etappen verwirklichen, so dass der Tiger erst 1989 zusammen mit dem Kofferanhänger fertig gestellt war. Zehn Jahre später entschloss sich sein Eigner, die Sünden der Frühzeit endlich zu beseitigen und unterzog den Wagen einer zweiten, tiefgreifenden Restaurierung. Seitdem ist er auch in neuer Lackierung mit der schönen, zeitgenössischen Dr.-Oetker-Werbung zu sehen.

Daten & Fakten: Krupp L 8 Tg 5 Tiger Kofferwagen

▶ **Motor:**
Reihen-Fünfzylinder-Zweitakt-Dieselmotor mit Roots-Gebläse, Fabrikat Krupp, Typ D 573, wassergekühlt, Bohrung 115 mm, Hub 140 mm, Hubraum 7270 ccm, Leistung 185 PS bei 1850 U/min

▶ **Kraftübertragung/Antrieb:**
Sechsgang-Getriebe, Hinterradantrieb

▶ **Fahrwerk:**
Leiterrahmen, Starrachse vorn und hinten mit Halbelliptikfedern, hinten mit Zusatzfedern, Druckluft-Fußbremse und Motor-Kompressorbremse, Trilex-Speichenräder, Bereifung 12.00-20 (hinten zwillingsbereift)

▶ **Maße/Gewicht:**
Länge 9000 mm, Breite 2500 mm, Höhe 2715 mm (normales Serienfahrerhaus), Radstand 5650 mm, Spur vorn 1976 mm, hinten 1812 mm, Eigengewicht 7600 kg, Nutzlast 8400 kg

▶ **Fahrleistungen/Verbrauch:**
Höchstgeschwindigkeit 60 - 66 km/h, 21 Liter/100 km

▶ **Bauzeit/Stückzahl:**
1955 – 1958, ca. 500 Stück des Typs L 8 Tg 5 (insgesamt 1074 Stück der gesamten Tiger-Baureihe bis 1961)

Damals wie heute hinterlässt dieses gewaltige Koffergespann einen bleibenden Eindruck.

Auf den Landstraßen und Autobahnen der fünfziger und sechziger Jahre dominierten die schweren Fernverkehrszüge der Marken Büssing, Mercedes-Benz und M.A.N.; darunter mischten sich Krupp, Magirus, Henschel und gelegentlich auch beeindruckende Boliden der Marke Faun. Und die sind heute so rar wie einst. Der erste Faun L 8, der wieder zurück auf die Straße fand – bislang eines von nur zwei restaurierten Exemplaren – erzählt hier die Geschichte seines bewegten Lasterlebens.

Faun L 8/56
Exot in der Königsklasse

89

Die Motorhaube des L 8 beindruckte durch außergewöhnliche Dimensionen.

Von Mobilkränen und Baumaschinen einmal abgesehen, ist die Marke Faun jüngeren Zeitgenossen heute vielleicht noch durch Schwerlast-Zugmaschinen überdimensionalen Ausmaßes ein Begriff, Fahrzeuge, die in den achtziger Jahren bei seltenen Einsätzen oder bei der Bundeswehr zu sehen waren. Dass Faun einst zum Gros der deutschen Lastwagenproduzenten gehörte, sogar leichte Schnelllastwagen anbot, wissen inzwischen nur noch wenige. Seinen Anfang nahm das Unternehmen im Jahre 1910, als der Schmied und Wagenbaumeister Karl Schmidt in Nürnberg eine Feuerlöschgeräte- und Fahrzeugfabrik gründete. Kurze Zeit später konnte er die in Konkurs gegangene Fahrzeugfabrik Braun in Stadtteil Doos übernehmen. Karl Schmidt gehörte zu jenen, die zu Beginn des Ersten Weltkrieges auf Betreiben der Heeresverwaltung den Bau von Lastwagen aufnahmen. Allerdings waren 1916 die Anfänge in Nürnberg mit 50 Mitarbeitern noch sehr bescheiden. Andere wie beispielsweise Magirus oder VOMAG genossen zu jenem Zeitpunkt schon Weltgeltung.

Stagnierende Zulieferungen von Teilen aus Importrohstoffen wie Reifen führten Ende 1917 dazu, dass die Produktion zurückgefahren werden musste; Schmidts Unternehmen geriet in Schwierigkeiten. Ähnlich erging es der Fahrzeugfabrik Ansbach, die seit 1906 mit verschiedenen Lastwagentypen auf dem Markt war. 1918 fusionierten beide, und aus dem Kürzel der „Fahrzeugfabriken Ansbach und Nürnberg" entstand die neue Marke Faun. Aber die Probleme wurden mit der Fusion nicht weniger. Durch die Folgen des Krieges, der Novemberrevolution, der Inflation und zunehmende Konkurrenz stand man 1925 erneut am Rande des Ruins. In dieser Situation kam Krupp zu Hilfe, vermochte jedoch das anstehende Vergleichsverfahren nicht abzuwenden. Karl Schmidt gelang es dennoch, die Ansbacher Teilhaber sowie Krupp auszuzahlen und kümmerte sich um den Aufbau eines modernen, ausgewogenen Lastwagen-Programms, das sowohl Elektrofahrzeuge als auch kon-

Faun L 8/56

Exot in der Königsklasse

ventionelle Benziner von 2 bis 5 to Nutzlast umfasste. Ergänzt wurde es durch spezielle Kommunalfahrzeuge sowie eine Personenwagen-Baureihe. Die Faun-Werke GmbH beschäftigte Mitte der zwanziger Jahre etwa 400 Mitarbeiter. Der Marktanteil des kleinen Herstellers betrug deutschlandweit weniger als ein Prozent. Im Bau von Kommunalfahrzeugen war Faun jedoch einer der wichtigsten Anbieter in Europa.

Infolge der geringen Stückzahlen war Faun nicht in der Lage, weiterhin eigene Motoren zu entwickeln und begann Ende der zwanziger Jahre, Triebwerke von der Firma Maybach zu beziehen. Mit dem Siegeszug des Dieselmotors bediente man sich Anfang der dreißiger Jahre vorübergehend der Produkte von MWM (Motoren-Werke Mannheim). Anschließend gehörte Faun zum Kreis der Abnehmer von Deutz-Dieselmotoren.

Vom Aufschwung des Kraftfahrwesens unter den Nationalsozialisten profitierte auch Faun. Auf etwa 1200 Mitarbeiter angewachsen, lag die Spezialität der Firma in der zweiten Hälfte der dreißiger Jahre besonders im Bereich schwerer Lastwagen. Einen Höhepunkt bildete 1938 der erste deutsche Vierachs-Lkw, von dem allerdings nur zwei Exemplare vollständig aufgebaut wurden. Abgeleitet von diesen großen Kalibern entstanden bei Faun mit Kriegsbeginn 150 PS starke Zugmaschinen.

Das Werk wurde durch Bombenangriffe stark beschädigt, deshalb wurde der Betrieb nach Schnaittach bei Lauf a.d. Pegnitz verlegt. Richtig anlaufen konnte die Fertigung dort aber erst 1946. Da eine Genehmigung zum Bau von Lastwagen durch die Alliierten lange auf sich warten ließ, überbrückte Faun die unmittelbare Nachkriegszeit mit der Fabrikation von Traktoren und Raupenschleppern. Nach der Währungsreform kehrte man indes zum Stammgeschäft zurück. Neben dem wieder ins Programm genommenen Kommunalfahrzeug M 6 erwies sich 1949 der Fernverkehrslaster L 7 L als besonders erfolgreich; bei ihm handelte es sich um die verlängerte und verbesserte Wehrmachts-Zugmaschine. Zwar kostete dieser Faun sehr viel mehr als andere Siebentonner, eine starke Nachfrage jedoch

Aus dieser Perspektive erinnert der Faun doch eher an eine Diesellokomotive als an einen LKW.

ließ dies zweitrangig erscheinen. Ihrer Zeit voraus war die Firma Faun außerdem, weil sie als erster Anbieter einen Fernverkehrslaster wahlweise auch als Frontlenker (L 7 V) anbot.

1951 lösten der L 8 L sowie dessen Frontlenker-Varian-

91

Der gewaltige Motor mit 13,5 Liter Hubraum erzeugte 180 bzw. 200 PS. Das reichte, um den üblicherweise mit Dreiachsanhänger komplettierten Lastzug auch auf bergigen Landstraßen gut in Bewegung zu halten.

te L 8 V den Siebentonner ab. Mit 8 to Eigengewicht plus 8 to Nutzlast, dazu 180 PS unter der langen, eckigen Haube, waren ihre Kapitäne seinerzeit die Könige der Landstraße. Das geräumige Fahrerhaus war für drei bis vier Personen ausgelegt und besaß eine Schlafkabine in so genannter Schwalbennest-Form. Allein der stolze Preis von knapp 50.000 DM sorgte für eine nur geringe Verbreitung. 1955 erfuhr der L 8 eine leichte Überarbeitung, bekam eine abgerundete und noch breitere Haube und trug intern die Bezeichnung L 8/56. Mit der Verordnung der nach dem damaligen Verkehrsminister als „Seebohmsche Gesetze" bezeichneten Längenbeschränkungen wurden Laster wie der Faun jedoch nahezu unverkäuflich. Lediglich im Export ließen sich noch bescheidene Absätze erzielen. Durch Aufträge zur Ausrüstung der Bundeswehr kompensierte Faun dieses Handicap und verzichtete auf den Ausbau der einst beispielhaften Frontlenker-Modellreihe

Ende der sechziger Jahre sah man sich bei Faun veranlasst, den Schwerlastwagenbau ganz aufzugeben. Man hatte eine Marktlücke in der Herstellung von schweren Sonderfahrzeugen entdeckt und füllte diese etwa zwei Jahrzehnte erfolgreich aus. 1986 übernahm Orenstein & Koppel die Aktienmehrheit, verkaufte

Faun L 8/56

Exot in der Königsklasse

Übersichtliche Rundinstrumente komplettierten das Armaturenbrett.

Das Faun-Emblem am Bug zierte meist schwere Straßenzugmaschinen. Fernverkehrs-LKW verließen das Werk in Backnang eher selten.

das Werk zwei Jahre später jedoch an den japanischen Kranhersteller Tadano, der heute noch Mobilkräne verschiedener Ausführungen baut.

Der hier gezeigte L 8/56 war bis vor kurzem nicht nur das einzige fahrtüchtige Exemplar seiner Art, sondern hat auch ein außergewöhnliches Schicksal hinter sich. In Diensten der Troisdorfer Spedition Helga Remy war der Lastzug im Sommer 1962 auf der B9 zwischen Köln und Koblenz unterwegs. Der offensichtlich übermüdete Fahrer nickte kurz ein. Als er unsanft erwachte, schob sich der Koloss mit seinem Dreiachs-Anhänger im Schlepp über eine Wiese. Das wäre nicht weiter schlimm gewesen, hätte diese nicht direkt am Rheinufer gelegen. Erst im reißenden Strom kam der Lastzug zu stehen -- für den Motor, der gänzlich unter Wasser gekommen war, ein Todesstoß. Wenige Stunden später zog der Brohler Abschleppdienst Nonn den Faun samt Anhänger aus dem Wasser. In Anbetracht der acht Einsatzjahre, die der Faun bereits hinter sich hatte, und angesichts des kapitalen Schadens war es dem Abschleppunternehmer möglich, den Laster für wenig Geld zu erwerben. Mit gekürztem Rahmen, entferntem Schwalbennest, dem Spenderherz eines anderen Unfallwagens sowie einem in Eigenregie gebauten Kran tat der Faun fortan bei Nonn gute Dienste. Bis 1988 der Oldtimersammler Kurt Pistorius aus Dierdorf diesen wohl letzten L 8

Gediegene Sachlichkeit in Leder und Holz kennzeichnete den Arbeitsplatz des Fernfahrers.

Gewaltige Trilex-Felgen mit 12.00-22er-Bereifung hielten den 16-Tonner auf der Straße.

mit originalem Fahrerhaus entdeckte. Pistorius und sein Sohn Timo fuhren den Abschleppwagen zu manchem Oldtimertreffen und setzten ihn mitunter auch zur Bergung weiterer Neuzugänge ein. Nach der Jahrtausendwende entschloss sich Timo Pistorius, angesichts der Seltenheit dieses Faun eine Rekonstruktion des Urzustands vorzunehmen. Der anfängliche Wunsch, viel alte Patina trotz Rahmenverlängerung, Entfernen des Krans usw. zu erhalten, schien mit jedem neuen Handgriff weniger realisierbar zu sein. So entschied sich der junge Eigner zu einer Vollrestaurierung, die dem Wagen offensichtlich gut zu Gesicht steht. Trotzdem wurde die Substanz der originalen Kabine und des bei Nonn in den achtziger Jahren schon einmal überholten Motors nicht zerstört. ◄

Daten & Fakten: Faun L 8/56 Pritschenwagen

▶ **Motor:**
Reihen-Sechszylinder-Viertakt-Wirbelkammer-Dieselmotor, Fabrikat Deutz, Typ F 6 M 617 (ab 1959: F 6 M 716), wassergekühlt, Bohrung 130 mm, Hub 170 mm, Hubraum 13.540 ccm, Leistung 180 PS (ab 1959: 200 PS) bei 1800 U/min

▶ **Kraftübertragung/Antrieb:**
Sechsgang-Getriebe, Hinterradantrieb

▶ **Fahrwerk:**
Leiterrahmen, Starrachse vorn und hinten, Druckluft-Fußbremse, Trilex-Speichenräder, Bereifung 12.00-22 (hinten zwillingsbereift)druck-Fußbremse, auf Wunsch mit Druckluft-Zusatzbremse, Stahlblech-Scheibenräder, Bereifung 7.50-20 PR 8 oder 10 (hinten zwillingsbereift)

▶ **Maße/Gewicht:**
Länge 9610 mm, Breite 2500 mm, Höhe 2920 mm (Fernfahrerhaus), Radstand 5600 mm, Eigengewicht 8000 kg, Nutzlast 8000 kg

▶ **Fahrleistungen/Verbrauch:**
Höchstgeschwindigkeit 60 bzw. 77,3 km/h (je nach Übersetzung); Verbrauch nicht angegeben

▶ **Bauzeit/Stückzahl:**
1951 – 1962, Stückzahl nicht bekannt

Das zeitgenössische Nummernschild weist auf eine Herkunft aus dem französischen Rheinland hin.

Die Maschinenfabrik Augsburg-Nürnberg (M.A.N.) gehört noch heute zu den leistungsfähigsten deutschen Maschinenbaukonzernen. Auch im Lastwagenbau zieht sich die Erfolgsspur bis in die Gegenwart. Einen ganz in den Landesfarben des bayrischen Nutzfahrzeugherstellers gehaltenen Tankzug zeigen wir auf diesen Seiten.

M.A.N. 735 L I

Weiß-Blau gesattelt

97

Die kurze Baulänge der Sattelzugmaschine von nur fünfeinhalb Metern machte das Gespann sehr wendig. Bei der Belieferung von Tankstellen war das von Vorteil.

Das Erfolgsrezept der Marke M.A.N., die seit neunzig Jahren ganz vorn im deutschen und mittlerweile internationalen Nutzfahrzeugbau mitmischt, basiert auf mehreren Säulen. Die Maschinenfabrik Augsburg-Nürnberg AG gehört zu den ältesten deutschen Industrieunternehmen. Sie entstand 1898 durch Fusion zweier eigenständiger Maschinenbauwerke, deren älterer Teil in Augsburg auf das Jahr 1840 zurückgeht. Seit 1920 ist die M.A.N. Teil des Gutehoffnungshütte Aktienvereins.

Jene Konstellation bescherte dem Maschinenbau-Riesen auf der einen Seite kontinuierlichen Absatz seiner Produkte in den Grubenbetrieben des Mutterkonzern und sicherte auf der anderen Seite einen von Markteinflüssen weitgehend unabhängigen Bezug von Rohstoffen und Halbfabrikaten. Die Lastwagen-Sparte von M.A.N. entstand wie andernorts auch durch den Ersten Weltkrieg und den Bedarf des Militärs an Transportfahrzeugen. Um noch 1915 in die lukrativen Heeresverträge einsteigen zu können, wollte man keine Zeit für eigene Entwicklungen verschenken, aber auch keine Risiken in der konstruktive Reife einge-

hen. So kooperierte M.A.N. der Schweizer Firma Saurer, deren Lastwagen einen hervorragenden Ruf genossen und in Deutschland bereits großen Absatz gefunden hatten. Die im März 1915 gegründete Zusammenarbeit in Form der M.A.N. Saurer Lastwagenwerke GmbH mit Sitz in Nürnberg und dem ehemaligen Saurer-Montagewerk in Lindau am Bodensee hatte jedoch nicht lange Bestand. Im Krieg wurde die Beteiligung einer ausländischen Firma bei M.A.N. zunehmend schwieriger, weshalb unter diesem Druck der Vertrag noch kurz vor Kriegsende im Juli 1918 gelöst wurde. Schon vorher hatten die Bayern die Montage der Lastwagen ins Nürnberger Werk verlagert. M.A.N. konnte auf der soliden Saurer-Konstruktion jedoch weiter aufbauen und fortan eigene Weg gehen. Saurer bestand in der Heimat als Lastwagenproduzent bis 1987 und ging später teilweise in der Iveco-Gruppe auf. Ein zweite große Säule des M.A.N.-Erfolgs war der Die-

Die wulstige Chromnase mit dem MAN-Logo auf dem Kühlwasserdeckel zierte die Front des Kurzhaubers.

Der Arbeitsplatz des Fahrers zeichnete sich durch zweckmäßige Anordnung der Bedienelemente aus.

selmotor, 1892 von Rudolf Diesel erfunden und bis 1897 in der Maschinenfabrik Augsburg zu einem gebrauchsfähigen Aggregat mit guten Laufeigenschaften vervollkommnet. Weil der Kraftstoff anfangs mit Hilfe von Druckluft eingeblasen werden musste, erwies sich eine Anwendung nur im Schiff oder als Stationärmotor für Industrieantriebe als sinnvoll. Als es der M.A.N. 1923 gelang, die Direkteinspritzung zu entwickeln (bei Benz entstand zeitgleich die Vorkammereinspritzung), war der Weg frei, kleine Fahrzeugmotoren zu bauen.

Auf der Berliner Automobilschau 1924 erregte M.A.N. mit seinem weltweit ersten serienmäßig gebauten Diesellastwagen enormes Aufsehen. Das schaffte Vorsprung. Die Konkurrenz konnte in den meisten Fällen erst zehn Jahre später mit Dieselaggregaten aufwarten. Und eine dritte wichtige Säule war die frühe globale Orientierung der M.A.N.-Nutzfahrzeugsparte sowie die erfolgreiche Übernahme einst namhafter Hersteller. Zu den wichtigsten zählt wohl Büssing. Vor dem Krieg unangefochtene Nummer Eins bei den schweren Lastwagen, nahmen die Braunschweiger nach verfehlter Typenpolitik 1967 die Kooperation mit M.A.N. auf, der bald die vollständige Übernahme folgte. Weitere namhaften Marken gingen anschließend in der M.A.N. auf: die österreichische ÖAF Gräf & Stift AG, die Automobilfabrik Steyr, die polnische Marke Star, der britische Nutzfahrzeughersteller ERF und der kreative Stuttgarter Omnibusbauer Neoplan.

Zurück zum Kriegsende 1945: Nach mehrfachen schweren Bombenangriffen musste das Lastwagen-Montagewerk in Nürnberg im April 1945 geschlossen werden. Unter amerikanischer Besetzung begannen nach den Aufräumarbeiten noch im Juli erste Lastwagen-Reparaturarbeiten und sogar die Montage neuer Wagen, von denen bis Jahresende 1945 neun Stück aus Restteilen zusammengesetzt wurden. Es handelte

Zur Reduzierung von Brand- und Explosionsgefahr wurde bei Tankwagen der Auspuff nach vorn verlegt.

Viel konnte die Dämm-Matte nicht gegen die Motorwärme ausrichten.

sich um den zuvor für die Wehrmacht gebauten 4,5-Tonner ML 4500 S. Ab 1946 wurde er als Fünftonner MK angeboten.

1951 begann M.A.N. in eine zweite Baureihe einzusteigen. Anders als der MK, der ja auf eine Vorkriegskonstruktion zurückging, war der F 8 eine Neukonstruktion in der schweren Klasse mit 8 to Nutzlast. Mit seinem 180 PS starken V8-Motor zählte er bald zu den beliebtesten Fernverkehrswagen und blieb nahezu unverändert bis 1963 ein Verkaufsschlager.

Neben der auf dem deutschen Nutzfahrzeugmarkt dominierenden Marke Mercedes-Benz stieg M.A.N. vor allem in der schweren Klasse in den Ring um Platz zwei. Dort lieferte man sich mit Magirus einen heftigen Wettstreit, den M.A.N. erst Mitte der sechziger Jahre mit einer neuen Generation für sich entscheiden konnte. Zunächst vermochten es die Bayern jedoch, in den fünfziger Jahren die Lücke zwischen dem Fünftonner MK und dem Achttonner F 8 durch eine Reihe von Modellen zu schließen, die eine Sym-

M.A.N. 735 L 1
Weiß-Blau gesattelt

Dieses Pfauenauge fühlt sich auf den Kühlrippen sichtlich wohl.

Der Pendelwinker hatte so gut wie ausgedient. Erst Anfang der sechziger Jahre kamen die Blinker.

biose aus beiden darstellten. So begann man 1953 das große Fahrerhaus des F 8 mit der kleinen Haube des MK zu kombinieren. Darunter setzte man einen Sechszylinder mit 130 PS, und heraus kam ein Fernverkehrslaster der bewährten Sechseinhalbtonnen-Klasse. Nach ähnlichem Muster entstand ein ganzes Programm, dessen Typenbezeichnungen sich aus Tonnage, den beiden letzten Zahlen der Leistung, einem „L" für Lastwagen und schließlich dem Index der Entwicklungsstufe zusammensetzte. Im beschriebenen Fall eröffnete das Modell 630 L 1 den Reigen. Bei den Motoren kam das neue, in der Fachwelt als „M-Verfahren" bekannte System zum Einsatz. „M-Verfahren" steht für eine Entzündung des Kraftstoffs im Mittelbrennraum. Dort ist die Vorkammer ein Bestandteil des Kolbens, in dessen Vertiefung der Kraftstoff eingespritzt wird. Siegfried Meurer hatte jenes Verfahren bei M.A.N. entwickelt. Durch die kurze und effektive Brenndauer liefen die Dieselmotoren vergleichsweise leise und entwickelten weniger Ruß.

1955 wurde die Leistung des 630 L 1 auf 135 PS angehoben und der Kraftstoffverbrauch gesenkt. Daneben hielten weitere Verbesserungen wie eine Hinterachse mit Umlaufschmierung Einzug, was durch eine eingebaute Ölpumpe erreicht wurde. Der Sechseinhalbtonner verfügte weiterhin über eine Doppel-H-Schaltung in senkrechter Lage. Um in die andere Gruppe zu gelangen, wurde der Schalthebel herausgezogen bzw. niedergeschlagen. Fortschrittlich war auch die Bremsanlage nach dem Federspeicher-Prinzip. Fiel bei einem Defekt der Druck ab, zog der Druckausfall der Federspeicher automatisch die Bremsen an. Daneben wartete der M.A.N. mit kleinen, aber von der Kundschaft durchaus beachteten Details auf. Beispielsweise schaltete sich beim Öffnen der Fahrertür nicht nur die Innenbeleuchtung ein, sondern auch die Trittstufe wurde beleuchtet.

Nach nur einem Jahr löste 1956 das Modell 735 L 1 den 630 L 2 ab. Am Motor änderte sich zwar nichts, dafür war die Nutzlast auf siebeneinhalb Tonnen gestiegen. Es gab dieses Modell neben der grundsätzlichen Pritschenausführung auch als kürzeren Export-

Der 20.000 l fassende „Stadler"-Tankauflieger mit dem tief herunter gezogenen Gerätekasten machte auch von hinten eine gute Figur.

Pritschenwagen (Radstand 4600 statt 5200 mm), als Kipper und als Sattelzugmaschine. Eine solche hat mit Liebe fürs Detail Helmut Radlmeier aus Ergoldsbach restauriert. Zusammen mit einem zwar sieben Jahre jüngeren, aber authentisch passenden Tankauflieger präsentiert sie sich in den weiß-blauen Farben des Benzolverbandes Aral. Der Behälter des 1963 bei der Josef Stadler KG in Neu-Ulm entstandenen Anhängers fasst 20.000 Liter Kraftstoff. Während sich Sattelzüge in Deutschland anfangs im übertragenen wie wörtlichen Sinne nur „schleppend" durchsetzten, wurden sie beim Transport von Flüssigkeiten früher bevorzugt. Mit nur einem Tank und nur einem Armaturenschrank waren sie sowohl in der Herstellung günstiger als auch schneller zu be- oder entladen. In den zeitgenössischen Farben sehen wir einen typischen Vertreter dieser Gattung, wie er in den sechziger Jahren als Fernverteiler für Großkunden oder Tankstellen auf unseren Straßen unterwegs war. ◂

Daten & Fakten: M.A.N. 735 L 1 Sattelzugmaschine

▸ **Motor:**
Reihen-Vierzylinder-Viertakt-Wirbelkammer-Dieselmotor, Fabrikat Klöckner-Humboldt-Deutz, Typ F 4 L 514, luftgekühlt, Bohrung 110 mm, Hub 140 mm, Hubraum 5322 ccm, Leistung 85 PS bei 2300 U/min

▸ **Kraftübertragung/Antrieb:**
Sechsgang-Getriebe, Hinterradantrieb mit getrennter Trag- und Triebachse

▸ **Fahrwerk:**
Leiterrahmen, Starrachse vorn und hinten, Druckluft-Fußbremse nach Federspeicher-Prinzip, auf Wunsch pneumatische Motorbremse, Trilex-Speichenräder, Bereifung 11.00-20 (hinten zwillingsbereift)

▸ **Maße/Gewicht:**
Länge 5513 mm, Breite 2500 mm, Höhe 2760 mm, Radstand 3320 mm, Spur vorn 1900 mm, hinten 1763 mm, Eigengewicht 4870 kg, Sattellast 9130 kg

▸ **Fahrleistungen/Verbrauch:**
Höchstgeschwindigkeit 69 km/h; Verbrauch nicht angegeben

▸ **Bauzeit/Stückzahl:**
1956 – 1957, 638 Stück des Modells 735 L 1

Die zeitgenössische „ARAL"-Beschriftung mit ihren frischen Farben unterstreicht auch heute noch die Wirkung dieses Tankzuges.

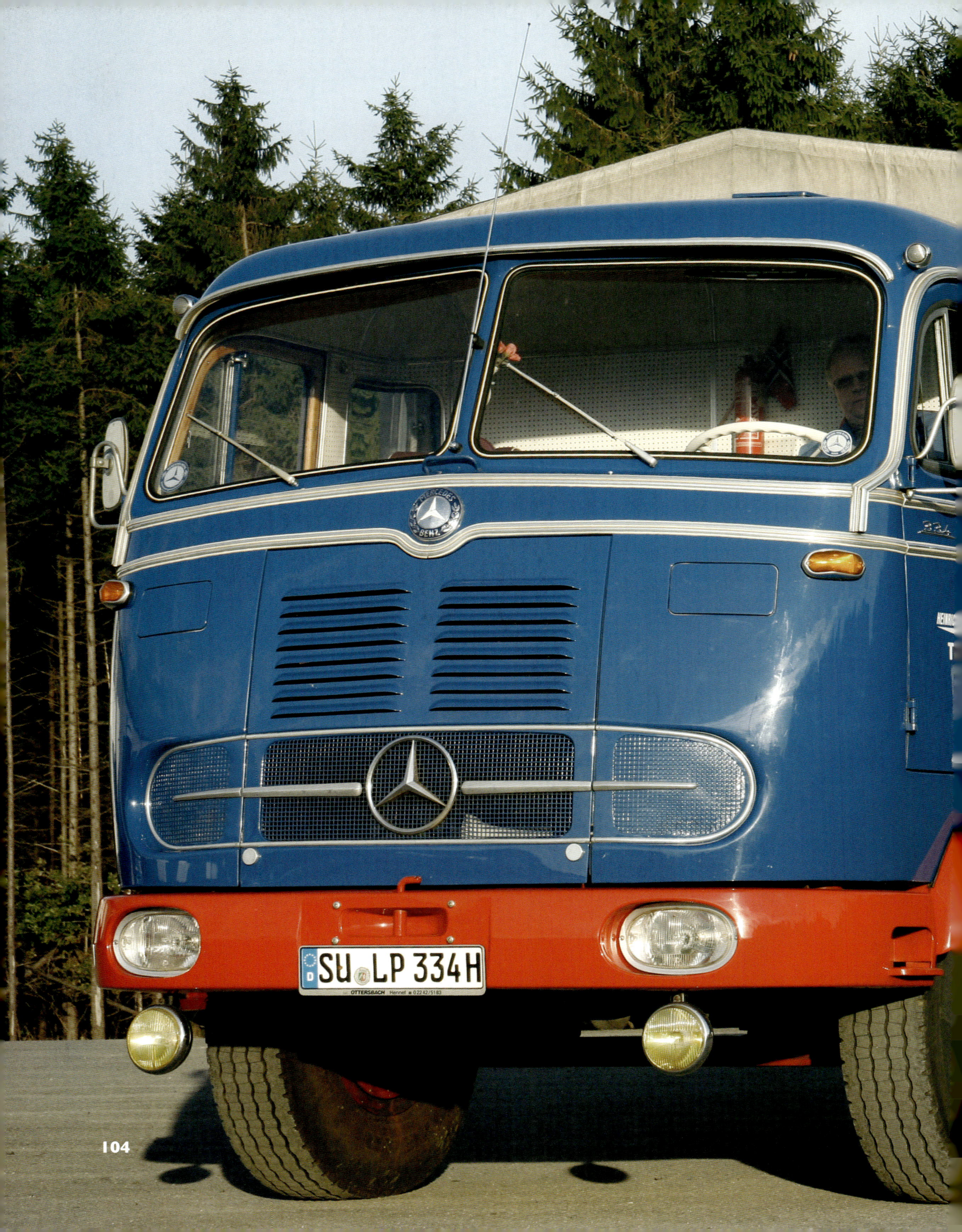
SU LP 334H

Mercedes-Benz LP 334

Gaggenauer Schwergewicht

Den Mercedes-Benz LP 334 hatte man in erster Linie für den Export entwickelt, doch ab September 1960 wurde er auch auf dem deutschen Markt angeboten. Mit seinen ausgereiften Frontlenkermodellen gab das Haus Daimler-Benz einmal mehr das Niveau vor, an dem sich die Konkurrenz zu orientieren hatte.

Im Werk Gaggenau der Daimler-Benz AG, wo traditionsgemäß die schweren Kaliber des Nutzfahrzeugprogramms vom Band rollten, ging schon im August 1945 der standardisierte, ehemalige Militär-Lkw L 4500 wieder in Produktion. Mit dem primitiven, unverkleideten Fahrerhaus in Holz („vereinfachte Kriegsbauweise" hieß das) sowie abgemagerten Kotflügeln, fehlender Stoßstange und viel zu kleinen Scheinwerfern war zwar kein Staat zu machen, doch dringend für den Wiederaufbau benötigte Transportkapazität bot der L 4500 allemal – und das allein war in den ersten Nachkriegsjahren entscheidend. Nach

Trotz seiner allseits runden Formen machte der Frontlenker einen kernigen Eindruck. Das lag vor allem an den gewaltigen Kühlrippen und an den in die Stoßstange verlagerten Scheinwerfern.

der Währungsreform von 1948 und im Zuge des danach einsetzenden Aufschwungs erfuhr auch die äußere Erscheinung dieses Fahrzeugs eine Aufwertung. Technisch konnte der L 4500 den Erfordernissen des Marktes durchaus noch standhalten. Er war erst 1939 aus dem mittelschweren Erfolgsmodell L 3750 entwickelt worden. 1949 wurde die Nutzlast auf fünf Tonnen erhöht. Als klassischer Fünftonner in vollwertiger

Mercedes-Benz LP 334
Gaggenauer Schwergewicht

Ausführung war der L 5000 auf dem Inlandsmarkt bis 1957 zu bekommen und wurde darüber hinaus für den Export auch weiterhin gebaut.

Im Herbst 1950 stellte die Daimler Benz AG ihrem Fünftonner einen schwereren Typ zur Seite. Er gehörte zur 6,5-to-Klasse, die sich für Fernverkehrs-Lastwagen Mitte der dreißiger Jahre herausgebildet hatte. Hier griff man jedoch nicht auf den vor dem Krieg erfolgreichen L 6500 zurück, sondern ging der Zeit entsprechend mit einem völlig neuen Wagen an den Start. Auch der L 6600 wurde ein Erfolg. Allein schon in seiner Erscheinung machte der Haubenlastwagen den Abstand zum Vorkriegstyp deutlich. 1952 glich Daimler-Benz das Äußere des L 5000 dem des größeren Bruders an und entwickelte ihn ein Jahr später zum L 5500 weiter. Das führte jedoch zu Schwierigkeiten mit der Einfuhr in die Schweiz. Zum Schutz der dortigen Hersteller war der Import von Lastwagen über fünf Tonnen Nutzlast stark reglementiert. Die Folge war, dass Daimler-Benz seinen Fünftonner zu Hause als L 5500 und in der Schweiz als L 5000 verkaufte. Nicht zuletzt deshalb traf man in Stuttgart die Entscheidung, Nutzfahrzeuge künftig nicht mehr nach der Tonnage zu benennen, sondern den internen Baumustercode zu verwenden. Da dieser jedoch weder eine Aussage über Tonnage noch über die Leistung besaß oder wenigstens einer Chronologie entsprach, kann man rückblickend darüber heute nur den Kopf schütteln. Der L 5000 hieß ab 1954 nun L 325, der große L 6600 wurde zum L 315. Sinn machte einzig der zusätzliche Buchstabe „P", der auf ein Pullman-Fahrerhaus schließen ließ. Das bedeutete aber nicht etwa eine besonders luxuriös ausgestattete Kabine, vielmehr stand das „P" für ein geräumiges Frontlenker-Fahrerhaus.

Mit dem LP 315 bot die Marke Mercedes 1954 erstmals einen schweren Lastwagen in haubenloser Bauweise an und setzte damit Maßstäbe, sowohl hinsichtlich der Ausstattung mit farbigen Kunstlederbezügen, Türfenstereinfassungen aus Naturholz, modernem Vierspeichen-Lenkrad in weißem Kunststoff, mit Lärmdämmung der Kabine als auch in gestalterischer Hin-

Die verchromte Typenbezeichnung erinnerte an die PKW-Beschriftung.

Wer genug Geld hatte, um sich einen 334 leisten zu können, oder das Glück, ihn fahren zu dürfen, hatte allen Grund zur Freude.

sicht bis hin zu geneigten Windschutzscheiben. Im hinteren Teil der übersichtlichen Kabine befand sich eine über die gesamte Breite reichende Liege mit Rückenlehne, die hochgeklappt eine zweite Koje ergab. Die Frontlenker-Fahrerhäuser lieferte die Firma Wackenhut aus Nagold zu, die auf Kundenwunsch auch Kabinen in anderer Form anbot.

Vom Sechstonner L und LP 315 leitete Daimler-Benz 1956 einen noch schwereren Typ als Modell L 326, ab, der auf 8,5 to Nutzlast ausgelegt war. Dieser Wagen sollte ursprünglich ausschließlich exportiert werden, weil er für die Zulassungsnormen im Deutschland zu schwer war. Mit 16 to Einzel- und bis zu 40 to Gesamtzuggewicht überschritt er die geltenden Bestimmungen. 1958 wurde der L 326 durch eine geringfügig überarbeitete Version als L 334 abgelöst. Der zugehörige Frontlenker LP 334 (schon 1957 in fünf Exemplaren ausgeliefert) wurde bevorzugt als Pritschenwa-

Selbst die Mercedes-Plakette wurde von Zierleisten unrahmt.

Gediegener Mercedes-Luxus sorgte für angenehme Arbeitsbedingungen des Kapitäns der Landstraße.

Ohne Blumenvase mit echten oder Kunstblumen ging gar nichts.

gen mit dem komfortablen, langen Fahrerhaus oder in kurzer Version bestellt. Darüber hinaus gewannen Sattelzugmaschinen als LPS 334 – in kurzer oder langer Kabinenform – zunehmend an Bedeutung.

Die Zahlencodes, die bis heute verwirrend erscheinen und die Fahrzeuge zu identitätslosen Nummern abstempelten, hatte man zu akzeptieren. Daimler-Benz war dessen ungeachtet mit seinen Lastwagen in den fünfziger und sechziger Jahren sehr erfolgreich. Ständige Verbesserungen technischer wie optischer Natur ließen sie zum Gradmesser der Entwicklung werden. Synchronisierte Getriebe, Hydrolenkung, Motorbremse und Zweikreis-Bremsanlage waren Meilensteine, die die Entwicklung der Mercedes-Benz-Lastwagen in den ersten fünfzehn Jahren nach Kriegsende kennzeichneten. 1961 erfuhr der LP 334 abermals eine Überarbeitung, die äußerlich an einer neuen Frontpartie deutlich wurde: Die Scheinwerfer befanden sich nun in der Stoßstange. Auf Wunsch gab es eine Dachluke oder auch einen hydraulisch gedämpften Brendel-Sitz für den Fahrer.

Durch eine Anpassung der gesetzlichen Bestimmungen durfte der LP 334 ab September 1960 auch auf deutschen Straßen zugelassen werden. Dennoch war

An Chromzierrat wurde bei Mercedes nicht gespart. Wir waren ja wieder wer!

Mit solch einem Fernlastzug war man gerne auf den Straßen Europas unterwegs.

Beim Rangieren auf engen Firmenhöfen zeigten sich die wahren Stärken eines Frontlenkers.

dem LP 334 hier zu Lande nur ein kurzer Auftritt beschert. Zur Internationalen Automobilausstellung 1963 stand schon eine neue Generation parat, die wegen ihrer Kabinenform als „kubische Baureihe" in die Geschichte einging. Optisch waren die verschiedenen Ausführungen kaum noch zu unterscheiden, dafür machten neue Bezeichnungen, die Gesamtmasse und Leistung enthielten, endlich wieder Sinn.

Werner Ottersbach aus Hennef/Söven tat gut daran, sich einen der raren LP 334 rechtzeitig zu sichern. 1991 erwarb er seinen 1962-er LP mit kurzem Fahrerhaus, der bis 1980 mit zwillingsbereiftem Anhänger für eine Brauerei unterwegs gewesen war. Zunächst besserte er den Zustand des Wagens in etappenweiser Arbeit auf, um ihn stets fahrbereit zu halten. 1994 entschied er sich dann doch für eine grundlegende Restaurierung. Innerhalb von drei Jahren zerlegte er den Mercedes-Benz komplett, überarbeitete sämtliche Teile und brachte ihn im Auslieferungszustand wieder auf die Straße. ◂

Daten & Fakten: Mercedes-Benz LP 334 Pritschenwagen

▶ **Motor:**
Reihen-Sechszylinder-Viertakt-Vorkammer-Dieselmotor, Fabrikat Daimler-Benz, Typ OM 326, wassergekühlt, Bohrung 128 mm, Hub 140 mm, Hubraum 10.810 ccm, Leistung 192 bis 200 PS bei 2200 U/min

▶ **Kraftübertragung/Antrieb:**
Sechsgang-Getriebe, Hinterradantrieb

▶ **Fahrwerk:**
Leiterrahmen, Starrachse vorn und hinten, Druckluft-Fußbremse und druckluftbetätigte Motorbremse durch Auspuffklappe, Trilex-Speichen- oder Stahlscheibenräder, Bereifung 12.00-20 PR 18 (hinten zwillingsbereift)

▶ **Maße/Gewicht:**
Länge 8090 mm mit langem Fahrerhaus, 7900 mm mit kurzem Fahrerhaus, Breite 2500 mm, Höhe 2900 mm, Radstand 4600 mm, Eigengewicht 7100 kg, Nutzlast 8900 kg, im Export 11400 bis 11900 kg

▶ **Fahrleistungen/Verbrauch:**
Höchstgeschwindigkeit 77 km/h, 30 Liter/100 km

▶ **Bauzeit/Stückzahl:**
1957 – 1963, 424 Stück

Im kurzen Fahrerhaus blieb dem Kapitän der Landstraße zum Schlafen nur die Sitzbank.

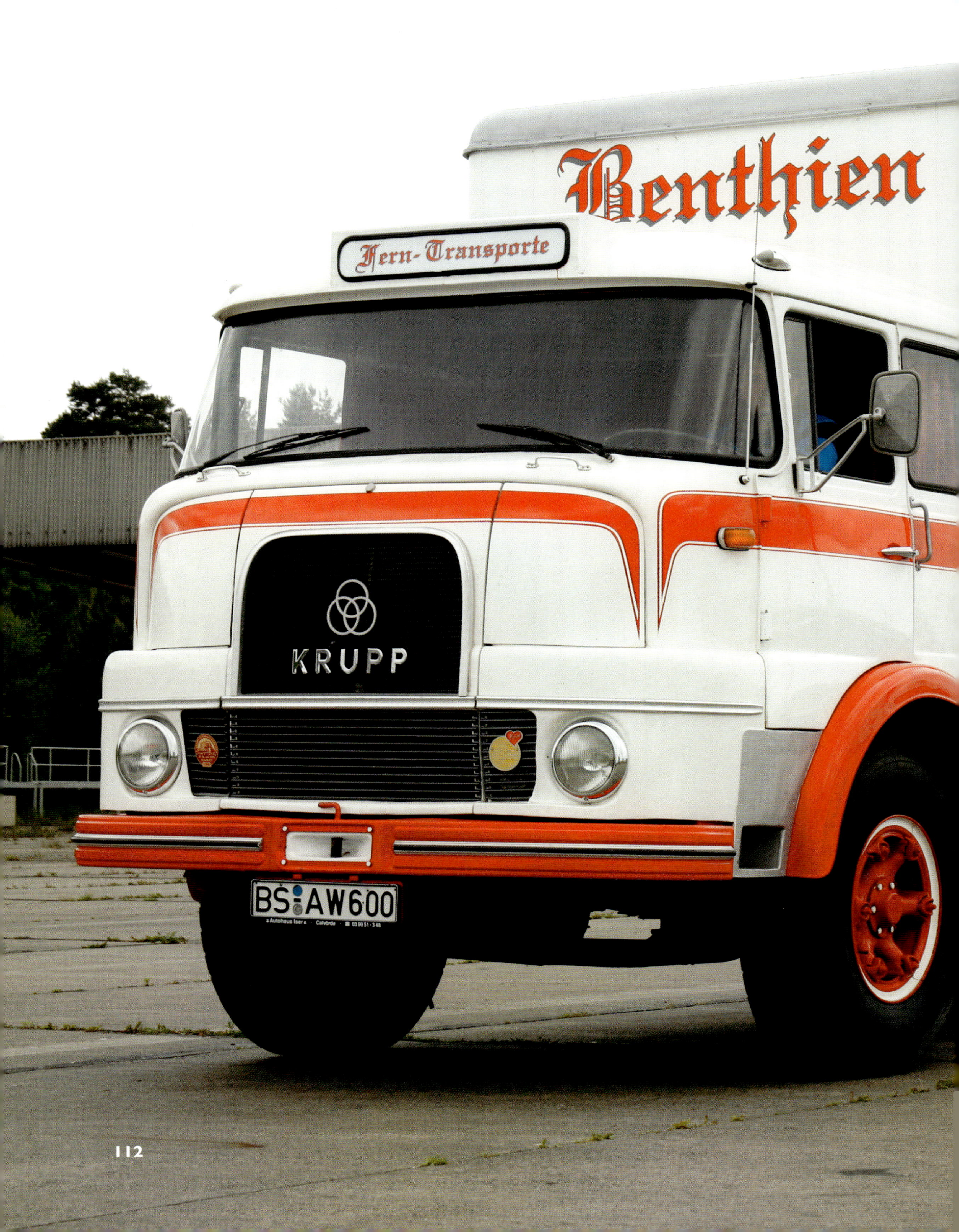
Benthien
Fern-Transporte
KRUPP
BS AW 600

Krupp LF 901

Der weiße Riese

Zu Beginn der sechziger Jahre hatten sich die westdeutschen Hersteller von Fernverkehrslastwagen auf die gesetzlich verordneten 16 to maximales Gesamtgewicht für Solofahrzeuge eingepegelt. Dafür erachtete man etwa 200 PS für eine zeitgemäße Fortbewegung als angemessen. Der hier vorgestellte Krupp erfüllte nicht nur diese Parameter, sondern zeichnete sich durch moderne Bauweise und komfortable Ausstattung aus. Dennoch hatte er keine Zukunft, weil Krupp zu lange auf den Zweitakt-Dieselmotor gesetzt hatte.

Im Transitverkehr nach Westberlin kam der Fernfahrer am Grenzkontrollpunkt Helmstedt/Marienborn nicht um eine Kontrolle herum.

Als die Firma Krupp 1957 drastische Absatzrückgänge verzeichnete, begannen Gerüchte zu kursieren, dass der Lastwagenbau vermutlich eingestellt würde. Am Gesamtergebnis spielte der Bereich Nutzfahrzeuge bei Krupp ohnehin nur eine untergeordnete Rolle. Zu aller Überraschung trat Krupp jedoch 1959 noch einmal mit einem grundlegend modernisierten Lastwagen-Programm an. Die Fachwelt zeigte sich beeindruckt von den neuen, vorbildlich ausstaffierten Fahrerhäusern – auch beim Frontlenker – und verfeinerten Zweitaktmotoren, die weitgehend aus Leichtmetall bestanden. Als am 1. August 1960 dann neue Maß- und Gewichtsbeschränkungen durch entsprechende Verordnungen des Verkehrsministers in Kraft traten, setzte bei allen Lastwagenanbietern hektische Betriebsamkeit ein. Viele trafen die neuen Grenzwerte unvorbereitet. Es blieb bei schweren Modellen nur noch der Export oder die Möglichkeit, durch zumutbare Modifikationen den Vorschriften zu entsprechen.

Krupp traf die neue Verordnung nicht ganz so schwer. Bereits seit 1955 hatte man – wenn auch nur vereinzelt – Modelle mit Frontlenker-Fahrerhäusern ausgeliefert. Mit der 1959 präsentierten neuen Generation, als traditioneller Haubenlastwagen wie auch als Frontlenker gebaut, war man äußerst flexibel. Nicht nur, dass die Kabinen modern gestylt und innen gut ausgestattet waren: sie entsprachen in der Grundform einem Baukastensystem. Ob Haube oder nicht, die Basis war identisch. Sogar die verchromte Kühlerattrappe ließ sich bei beiden Varianten verwenden. Auch hatte der Kunde die Wahl zwischen einem kurzen und einem längeren Fernfahrerhaus. Eine Erwähnung ist auch die große Panorama-Frontscheibe wert, die wie bei einigen damaligen Personenwagen seitlich weit herumgezogen war.
Inkonsequenterweise wurden einige alte Modelle

Krupp LF 901
Der weiße Riese

Wenn alle Papiere in Ordnung waren, stand einer Weiterfahrt nach Westberlin nichts im Wege.

dennoch weiterhin produziert. Gut gedämmt zwar, damit sich die Besatzung bei dem lautstarken Zweitakter unterhalten konnte, befand sich aber auch bei den neuen Fahrzeugen noch weitgehend unveränderte Technik unter dem Blech. Wenn auch die markanten Tiernamen entfallen waren, basiert der hier vorgestellte LF 901 (= Lastwagen, Frontlenker, 9 to Nutzlast, 1. Serie) technisch auf den Tiger. Der unkultivierte Zweitakt-Dieselmotor blockierte zunehmend den Verkauf, so dass die anfangs euphorisch aufgenommenen, neuen Krupp-Modelle bereits nach vier Jahren sang und klanglos von der Bildfläche verschwanden. Das Management versuchte den Niedergang durch ein 1963 abgeschlossenes Übereinkommen mit der amerikanischen Motorenfabrik Cummins zu stoppen. Deren in Lizenz fabrizierte Triebwerke wurden erstmals in Deutschland zusammen mit Getrieben verbaut, die Gruppenschaltungen besaßen. Außerdem war Krupp die erste deutsche Lastwagenmarke, die kippbare Fahrerkabinen anbot. Doch auch die Cummins-Motoren fanden nur wenige Liebhaber. Nachdem sich auch eine Zusammenarbeit mit Fiat zerschlug und die Kraftwagenherstellung dem Stammhaus nur noch Verluste bescherte, sah sich Krupp ver-

Das Logo der Firma Schmitz am Anhänger.

In diesem komfortablen Fahrerhaus ließen sich auch längere Touren gut überstehen.

Krupp LF 901

Der weiße Riese

Sachlich und übersichtlich präsentiert sich das Armaturenbrett des Krupp-Frontlenkers.

anlasst, Ende Juni 1968 den Lastwagenbau aufzugeben, kurz vor dem fünfzigjährigen Jubiläum dieser Sparte.

Ein Vertreter der letzten Krupp-Generation ist auf diesen Seiten zu sehen. Es handelt sich um den vergleichsweise seltenen LF 901 aus der kurzen Ära vor dem Einbau des Cummins-V8. Mit seinem 200 PS leistenden Fünfzylinder-Zweitakt-Dieselmotor ist er der Nachfahre des Tiger. Der 1961 gebaute Lastwagen wurde ursprünglich von der Spedition Ebner aus dem Westerwald für Munitionstransporte eingesetzt. Klaus Sieh aus Bilsen erwarb den Wagen später von einem Schrotthändler, restaurierte ihn und baute einen Schmitz-Kühlkoffer auf. Den passenden Anhänger

Weit unter dem Kofferaufbau lag die Anhängerkupplung.

Sehr viel zeitgenössisches Flair strahlte dieser Krupp-901-Kofferlastzug aus.

entdeckte er bei einem Landwirt, bei dem er zuletzt als Waldfutterlager gedient hatte. Als kompletter Zug dokumentiert er genau jenes Gespann, wie es Klaus Sieh jahrelang bei der Spedition Jagst selbst gefahren hatte. Dennoch entschloss sich der Holsteiner Sammler, den Lastzug an die Spedition Benthien in Grömitz zu verkaufen. Von dort wechselte er 2003 abermals den Besitzer. Inzwischen hütet ihn Fritz-Joachim Schneidewind-Brennecke aus Uhrsleben in seiner Sammlung. ◀

Daten & Fakten: Krupp LF 901 Kofferwagen

▶ **Motor:**
Reihen-Fünfzylinder-Zweitakt-Dieselmotor mit Roots-Gebläse, Fabrikat Krupp, Typ D 573, wassergekühlt, Bohrung 115 mm, Hub 140 mm, Hubraum 7270 ccm, Leistung 200 PS bei 1900 U/min

▶ **Kraftübertragung/Antrieb:**
Sechsgang-Getriebe mit Schnellgang, Hinterradantrieb

▶ **Fahrwerk:**
Leiterrahmen, Starrachse vorn und hinten mit Halbelliptikfedern, hinten mit Zusatzfedern, Druckluft-Fußbremse und Motor-Kompressorbremse, Trilex-Speichenräder, Bereifung 12.00-20 (hinten zwillingsbereift)

▶ **Maße/Gewicht:**
Länge 8120 mm (mit Schlafkabine 7960 mm), Breite 2500 mm, Höhe 2700 mm (mit Schlafkabine 2735 mm), Radstand 4800 mm, Spur vorn 1976 mm, hinten 1812 mm, Eigengewicht 7000 kg, Nutzlast 9000 kg

▶ **Fahrleistungen/Verbrauch:**
74 - 81 km/h, ca. 20 Liter / 100 km

▶ **Bauzeit/Stückzahl:**
1960 – 1963, 1330 Stück der gesamten Baureihe L 901 (Haubenwagen und Frontlenker)

Diese aufwendige Fahrzeugbeschriftung gehörte in den sechziger Jahren längst nicht zum Standard.

M.A.N. 10.210 T.FS

Die Pausbacke

Manchmal bekommen Fahrzeugtypen im Volksmund recht eigenwillige Namen. Doch das ist der beste Hinweis darauf, dass sie nicht nur wahrgenommen werden, sondern sich auch einer gewissen Beliebtheit erfreuen. Wie im vorliegenden Fall sind es oft äußerliche Dinge wie die einer aufgeblasenen Backe ähnelnde Front der 1957 von M.A.N. angebotenen haubenlosen Lastwagen.

BÄREN-MARKE

ALLGÄUER ALPENMILCH A.G.

Weshalb dieser MAN-Typ den Spitznamen „Pausbacke" erhielt, wird aus diesem Bild ersichtlich.

Im Zuge immer umfangreicherer Programme, die durch zunehmende Anwendung von Baukastensystemen nahezu jede Konstellation von Nutzlast, Leistung und Aufbau erlaubten, wurden die Lkw-Typenbezeichnungen allmählich technischer. Sicher macht es nicht nur für den Handel und noch viel mehr für den Einsatz Sinn, Kombinationen zu schaffen, aus denen sich der Eingeweihte ohne Nachfragen wesentliche Leistungsdaten ableiten kann. Im Falle des hier vorgestellten M.A.N. 10.210 T.FS lassen sich eine Reihe wichtiger Schlüsse ziehen: 10 to Nutzlast, 210 PS Leistung, Abgas-Turbo-Aufladung, Frontlenker-Fahrerhaus und Sattelzugmaschine. Doch mit dem Begriff „Pausbacke", die sich landläufig eingebürgert hat, erzeugt man sogleich ein Bild im Kopfe des Gesprächspartners, mehr als mit der anonymen, weil technischen Bezeichnung allein. Zudem umfasst jener Kosename die gesamte Baureihe, schließt also alle artverwandten Geschwister ein.

Mitte 1956 begann M.A.N. mit der Einführung eines neuen Lastwagen-Programms. Technisch wartete man Schritt für Schritt mit gründlich überarbeiteten Motoren auf. Äußerlich waren die neuen Modelle durch Kurzhauben-Bauweise mit harmonischer Linienführung gekennzeichnet, die sowohl die Scheinwerfer als auch die Kotflügel mit in das Gesamtkonzept einschloss. Ein Jahr später gesellten sich davon abgeleitete Frontlenker-Typen dazu. Vorsichtig bildete zunächst der Siebentonner die Spitze des Programms. Als 1960 endlich Klarheit über die bevorstehenden Gewichts- und Längenbeschränkungen bestand, konnte M.A.N. noch im August des selben Jahres einen neuen Fernverkehrslaster der 10-to-Klasse präsentieren. Doch erschien das Modell 10.210 T.L 1 F allerdings erst im Frühjahr 1961. Der schon vom Vorgänger, dem Siebentonner 770 L 1 F (nach altem Typenschema: 7 to Nutzlast, 172 PS, 1. Entwicklungsstufe, Frontlenker), her bekannte Sechszylinder-Direkt-

M.A.N. 10.210 T.FS
Die Pausbacke

Bei der Gestaltung dieses Kühlergrills hat wohl der Nierentisch Pate gestanden.

einspritzer konnte die größere Nutzlast dadurch bewältigen, indem ihn ein Abgas-Turbolader beflügelte. Das Ergebnis waren reichliche 210 PS. Ein Gesamtgewicht von 16 to brachte man mit dem agilen Triebwerk recht flott in Fahrt. Der Verbrauch mit etwa 25 Liter Diesel pro 100 km war angemessen niedrig und das, obwohl der aufgeladene Motor erfahrungsgemäß drehzahlfreudig gefahren werden wollte.

Dennoch verursachte die Aufladung bei weniger feinfühligen Fahrern häufig Reparaturen, besonders die Abdichtung des Turboladers betreffend. Der Hersteller entschloss sich daher schon 1963, einen Nachfolger mit der Bezeichnung 10.212 F zu bringen, der ohne Aufladung die gleiche Leistung erreichte. Dabei musste man nicht einmal den Hubraum vergrößern,

Das Standortschild gab Auskunft über die Herkunft des Wagens und über die Art der Konzession.

Der Arbeitsplatz des Fahrers war zweckmäßig und gestattete ein entspanntes Fahren, auch auf langen Strecken.

sondern erzielte die Leistungsdifferenz allein aus der Verbesserung des Füllungsgrades. Den Turbomotor gab es übrigens weiterhin. Im Typ 10.230 T entwickelte er – Dank verbessertem Füllungsgrad und Abgas-Aufladung – fortan sogar 230 PS. Allerdings leisteten sich den Luxus einer solchen Übermotorisierung nur wenige Unternehmer – nur sehr wenige dieser Fahrzeuge absetzen, denn 200 PS galten um 1960 noch als ausreichende Motorisierung. Nach heutigen Maßstäben ist das kaum nachvollziehbar: Mit der aktuellen M.A.N.-Baureihe TGA entscheiden sich heute Kunden in der Regel für 460 PS im Fernverkehrseinsatz. Die zur Jahrtausendwende eingeführte Baureihe TGA wird übrigens nach wie vor hauptsächlich im Werk München-Allach gebaut. 1955 hatte MAN seine Lastwagenfertigung von Nürnberg in jenes einstige BMW-Flugmotorenwerk verlegt. Der Deal zwischen beiden

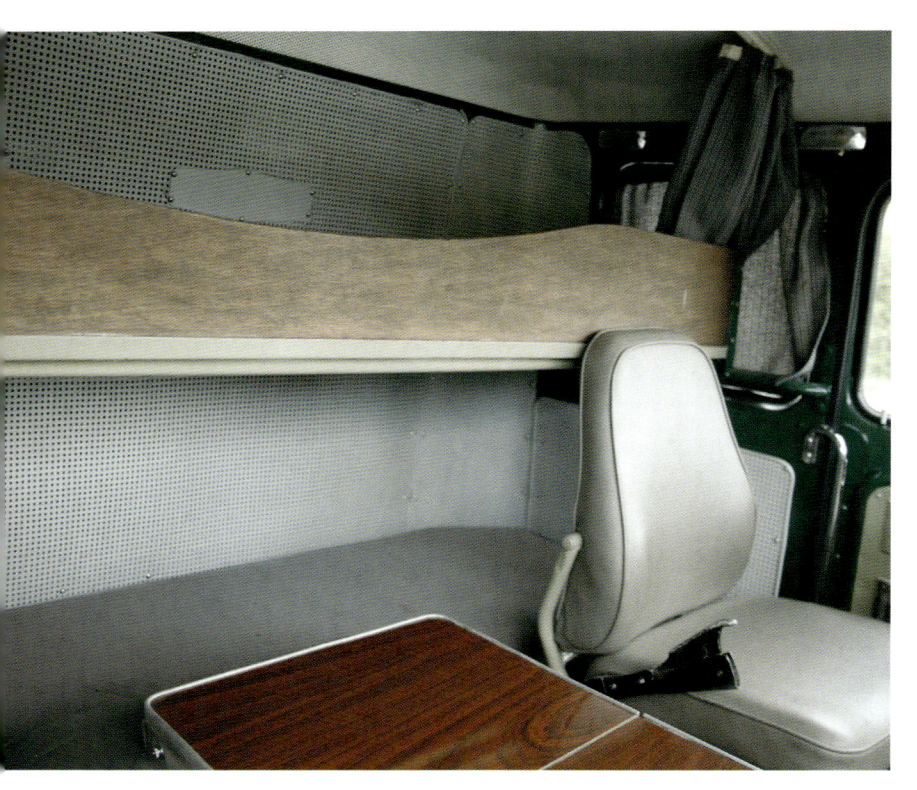

Wenns mal länger dauerte, boten zwei Schlafkojen ausreichend Platz für ein Schläfchen.

Münchener Automobil-Giganten sorgte seinerzeit für die Sanierung der damals angeschlagenen Bayerischen Motoren Werke und eröffnete M.A.N. zugleich den dringend benötigten Zuwachs an Fertigungskapazität.

Die erfolgreiche Kurzhauber- und Pausbacken-Generation war es, die als erste jene neuen Fertigungslinien in München mit Leben erfüllten. Wenngleich um 1960 durch Absatzrückgang und dadurch eingefahrener Verluste Zweifel an der hohen Investition bestanden, so war es doch eine Entscheidung mit Weitblick, die sich in den kommenden Jahrzehnten auszahlte. 1965, zehn Jahre nach dem Umzug, liefen in München jährlich an die 14.000 Nutzfahrzeuge vom Band. In München befand sich seinerzeit das größte und modernste Lastwagen-Montagewerk Europas.

Die hier vorgestellte Pausbacke mit Erstzulassung

Machen einen sehr technischen Eindruck: Die Stützräder des Sattelaufliegers.

Gut zugänglich waren Brems- und Elektroleitungen zum Auflieger.

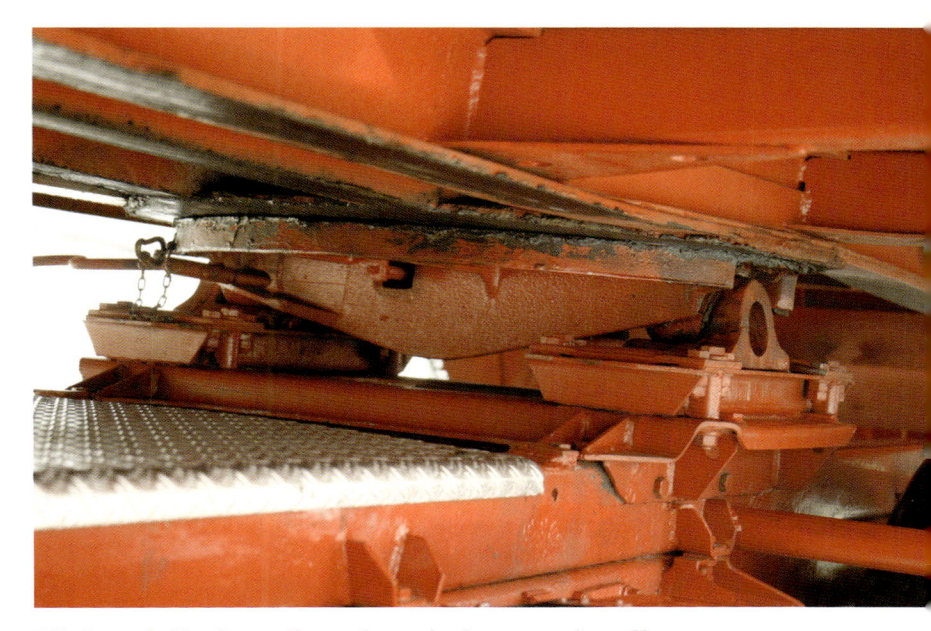

Blick auf die Sattelkupplung in konventioneller Art mit „Königsbolzen".

125

Aufwendig und authentisch wurde die Beschriftung des Aufliegers nachempfunden.

vom August 1963 gehört zweifelsohne zu den momentan besonders sehenswerten Vertretern ihrer Art. Der Typ 10.210 T.FS ist wie der andere in diesem Band vorgestellte M.A.N. ein Stück aus der Sammlung von Helmut Radlmeier. Der Ergoldsbacher setzte auch hier hinsichtlich originalgetreuer Lackierung wie auch bezüglich der Restaurierungsqualität Maßstäbe. Den passenden Auflieger stellte einst der namhafte Ackermann-Fahrzeugbau in Wuppertal her. Mit Baujahr 1957 ist er noch etwas älter als seine Zugmaschine. ◂

Daten & Fakten: M.A.N. 10.210 T.FS Sattelzugmaschine

▸ **Motor:**
Reihen-Sechszylinder-Viertakt-Dieselmotor mit Direkteinspritzung nach dem „M"-Verfahren und Abgas-Turbolader, Fabrikat M.A.N., Typ D 2146 M T 1, wassergekühlt, Bohrung 121 mm, Hub 140 mm, Hubraum 9659 ccm, Leistung 210 PS bei 2100 U/min

▸ **Kraftübertragung/Antrieb:**
Sechsgang-Getriebe, Hinterradantrieb mit getrennter Trag- und Triebachse

▸ **Fahrwerk:**
Leiterrahmen, Starrachse vorn und hinten, vorn Öldruck-Fußbremse mit Druckluftunterstützung, hinten Druckluft-Fußbremse, pneumatische Motorbremse, Trilex-Speichenräder, Bereifung 12.00-20 (hinten zwillingsbereift)

▸ **Maße/Gewicht:**
Länge 5925 mm, Breite 2500 mm, Höhe 2705 mm, Radstand 3700 mm, Eigengewicht 6000 kg, Sattellast 9600 kg

▸ **Fahrleistungen/Verbrauch:**
Höchstgeschwindigkeit 86 km/h, 25,5 Liter/100 km

▸ **Bauzeit/Stückzahl:**
1960 – 1964, Stückzahl nicht bekannt

Der „Bärenmarke-Bär" zauberte gewiss den hinterherfahrenden Fahrern ein Lächeln ins Gesicht.

Henschel HS 16 TS
Kubisches auf Französisch

Louis L. Lepoix, ein bekannter französischer Designer, verlieh den Lastwagen aus Kassel Anfang der sechziger Jahre ein zeitgemäßes Äußeres. Das beflügelte noch einmal die Absatzzahlen, ehe Henschels Stern gemeinsam mit Hanomag zu sinken begann, um dann später unter einem anderen, und zwar dem aus Stuttgart, weiter zu leuchten.

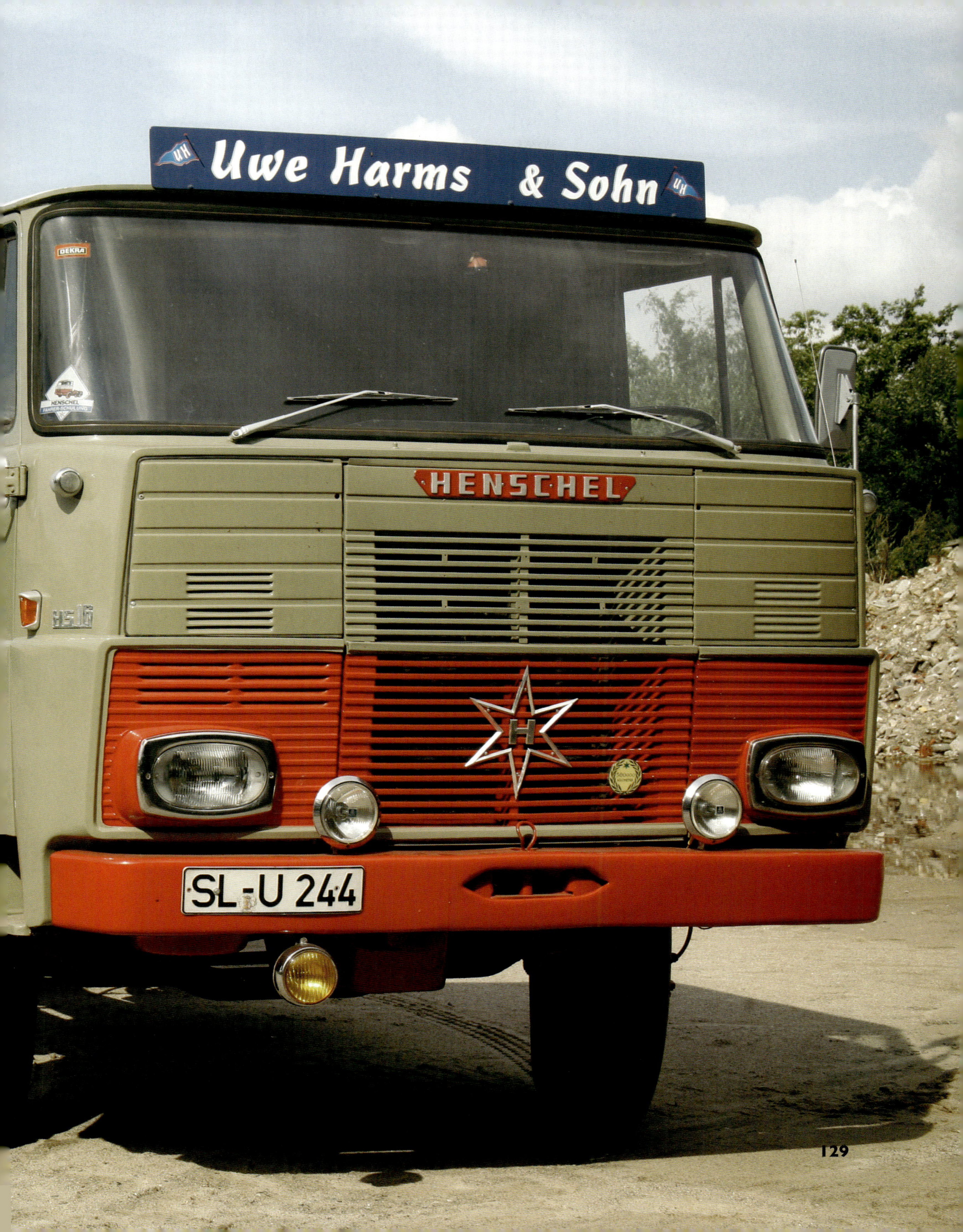
Uwe Harms & Sohn
HENSCHEL
SL-U 244

Trotz des kubischen Erscheinungsbildes muss das Design der Lepoix-Kabine als zeitlos gelten.

Der Franzose Louis Lucien Lepoix (1918-1998) zählt zu den bekanntesten Designern in der Automobilbranche. Für eine Reihe von Fahrzeugfirmen schuf er Aufbauten, die das tägliche Verkehrsbild mitbestimmten. 1947 hatte er sein Designstudio FTI (abgekürzt für Form, Technik International) gegründet und arbeitete für zahlreiche namhafte Industrieunternehmen, vor allem auch in Deutschland. Neben Artikeln des täglichen Lebens wie Fernseher, Radios und Plattenspieler, gestaltete Lepoix Schreibmaschinen, Möbel und Türbeschläge, pflegte aber auch schon früh Kontakte zur Automobilindustrie. Noch im Gründungsjahr seines Studios entwarf er einen Sportwagen für Simca, der – obwohl es beim Prototyp blieb – Roland Bugatti so gut gefiel, dass Lepoix mit der Gestaltung des neuen, bei Gangloff realisierten Modells 101 beauftragt wurde. In der Folgezeit widmete sich Lepoix vorwiegend Zweirädern und arbeitete für Horex, Maico, Puch und BMW.

In den fünfziger Jahren schien Lapoix eine besondere Vorliebe für Fahrerkabinen von Lastwagen zu entwickeln. 1951 bis 1955 waren es noch, dem Zeitgeschmack entsprechend, rundliche Häuser wie jene für Magirus. Mit dem Übergang zum Frontlenker waren jedoch neue Ideen gefragt. Die Zeit der barocken Formen war vorbei. Kantiges und Glattflächiges kam in Mode.

Gerade in jener Epoche entstanden Lepoix' bekanntesten und zeitlosen Entwürfe, die unter dem strengen Diktat glatter Flächen nicht immer einfach zu realisieren waren. Mit seinen Arbeiten für Henschel legte er den Grundstein zu einem Gestaltungskonzept, das sich bis hin zu Daimler-Benz in der Branche durchsetzte, wenngleich die Stuttgarter zu den wenigen deutschen Lastwagen-Produzenten gehören, die ihre Fahrerhäuser nicht von Lepoix zeichnen ließen. Unter

Insidern spricht man von den „kubischen" Modellen. Für die Kasseler Lastwagenschmiede war Lepoix von 1959 bis 1961 tätig. Für diesen Kunden schuf er einen Fahrerhaus-Grundtyp, der sich als Frontlenker vom Haubenwagen nur durch den Vorbau unterschied. Auf der IAA 1966 erregten die neuen Henschel-Modelle wegen ihrer betont kantigen Gestalt großes Aufsehen. Für das Unternehmen muss dies ein Befreiungsschlag gewesen sein, denn Ende der fünfziger Jahre war der Lastwagen-Absatz bei Henschel in den Keller geraten, die Fertigung stand kurz vor dem Aus. Für eine Konsolidierung des Unternehmens waren die modernen Lastwagen ein Glückstreffer. Und hinsichtlich der Fertigung hatte Lepoix noch mit einem weiteren Trumpf aufwarten können. Für alle Fahrerhaus-Varianten, also nicht nur für Hauber und Frontlenker, sondern auch für kurze und lange Versionen, kam Henschel zu 70 Prozent mit den gleichen Pressteilen aus. Die Henschel zuerkante Auszeichnung „Gute Industrieform" auf der Messe in Hannover würdigte jene Leistung.

Für Lepoix folgten 1963 Aufträge zum Entwurf der mittelschweren Baureihe von Magirus-Deutz, 1966 für ein neues Gesicht der Büssing-Lastwagen und an-

Neben blau-rot war diese Farbkombination die klassische Henschel-Werksfarbe jener Zeit.

Viel Licht und eine gute Rundumsicht erwarteten den Fahrer in der Kabine des HS 16.

Der Chromzierrat wurde langsam weniger. Die Zweckmäßigkeit hielt Einzug.

schließend für Hanomags leichte F-Baureihe. Darüber hinaus betreute er Kaelble in Backnang, ferner von 1963 bis 1988 die österreichische Marke Steyr, Saurer in der Schweiz, Pegaso in Spanien, Star in Polen, DAF in Holland und Saviem in seiner französischen Heimat.

Die neuen Henschel-Lastwagen starteten zunächst mit den Typen HS 14 und HS 16. Wie die nunmehr ausschließlich verwendete Angabe der Tonnage erkennen lässt, handelte es sich um Modelle mit 14 beziehungsweise 16 Tonnen Gesamtgewicht. Ein „T" hinter der Zahl stand für die Trambus-Form, der seit ihren Anfängen vor dem Krieg gebräuchlichen Bezeichnung für Frontlenker. Haubenlastwagen führten ergänzend ein „H" im Typencode. Nach oben und unten erweitert sowie dazwischen abgestuft wurde das Angebot ab 1962 durch die Modelle HS 12, HS 15 und HS 19. Die Spitze des Programms bildeten ein Jahr später die Dreiachser HS 22 und 1964 der HS 26. Anfang 1965 erfuhr das Fahrerhaus erste optische Retuschen, indem die runden gegen ovale Scheinwerfer ersetzt wurden. Eine Dachklappe sorgte fortan für bessere Belüftung.

Die kurzen Radstände machten den Kippsattelschlepper sehr wendig, auf Baustellen ein großer Vorteil.

Henschel HS 16 TS

Kubisches auf Französisch

Ein halbes Jahr später präsentierte Henschel zur Internationalen Automobil-Ausstellung ein grundlegend modifiziertes Fahrerhaus. Wichtigster Aspekt und hilfreich für die Wartung war die Umstellung von der bislang festen zur kippbaren Kabine. Darunter saßen neu entwickelte Direkteinspritzer, die platzsparend tiefer in den Rahmen eingelassen waren. Damit wuchs der Innenraum im Fahrerhaus, das zugleich um etwa 20 cm nach vorn rückte. Es entfiel damit die bisherige Trittstufe zwischen Stoßstange und Vorderrad. Die ovalen Scheinwerfer wechselten abermals und fanden schließlich in der Stoßstange ihren Platz.

Einen seltenen Vertreter dieser kurzen Übergangszeit besitzt Jens-Uwe Harms aus Jübek. Seine Zulassung geht zwar auf das Jahr 1966 zurück, erfolgte also nach Präsentation der Neuheiten auf der IAA, doch sein HS 16 TS trägt noch die Merkmale des Modelljahres 1965. Das „S" in der Bezeichnung steht für Sattelzugmaschine. Als solche war sie für eine hessische Spedition bis etwa 1978 im täglichen Fernverkehr unterwegs. Danach landete die Zugmaschine bei einem Händler in Kassel, der sie an einen Schausteller veräußerte. 1999 rettete ein Oldtimerfreund den Wagen vor der anstehenden Verschrottung. Zwei Jahre später übernahm Harms den Patient und unterzog ihn einer tiefgreifenden Restaurierung. Das Ziel war, den Originalzustand wieder herzustellen, was einen Rückbau der Ballastpritsche zur Sattelkupplung einschloss. Mit einem zeitgenössischen Kippsattel von Kögel aus Ulm ist das Gespann seit Fertigstellung Ende 2005 hin und wieder auf einschlägigen Treffen zu sehen.

Im übrigen schloss sich auch für Lepoix und seine Zusammenarbeit mit Henschel der Kreis. Nachdem sie Ausgangspunkt für die Gestaltung weiterer Lastwagenfronten geworden war, ging die von ihm entworfene mittelschwere Hanomag-Baureihe an Henschel über. Nach Modellierung der leichten Hanomag F-Baumuster hatte der Franzose auch die 1969 folgende, nächst größere Baureihe eingekleidet. Im Zuge der Zusammenlegung beider Rheinstahl-Beteiligungen zur Hanomag-Henschel Fahrzeugwerke GmbH kam diese dann unter der Marke Henschel auf den Markt,

Für die Sehnsüchte der Fahrer mussten das „Vedol"-Mädchen und Romy Schneider herhalten.

Für die Typenbezeichnung war noch Chrom aktuell.

Büssing BS 16 L

Grenzgänger

An der deutsch-deutschen Interzonengrenze gaben sich einst alle bekannten Lastwagenmarken der Bundesrepublik ein Stelldichein. Auch für die Fahrer auf dem Transitweg von oder nach West-Berlin waren die peinlichen Kontrollen der DDR-Zöllner ein Höhepunkt, wenngleich ein sehr unangenehmer. Trotzdem war es uns Grund genug, nochmals an diesen traurigen Ort zurückzukehren, und noch dazu stilecht mit einem Büssing-Fernverkehrszug.

Auch nach all den Jahren wirken die Abfertigungsanlagen in Helmstedt/Marienborn noch immer gespenstisch. Selbst gestandenen Transitfahrern gingen hier die dummen Sprüche aus.

Die Marke Büssing zählt nicht nur zu den ältesten Anbietern von Lastwagen sondern führte lange Zeit die deutschen Zulassungsstatistiken im Bereich großer Tonnagen an. Als Heinrich Büssing 1903 seinen ersten Lastwagen in einem brach liegenden Braunschweiger Wäschereigebäude zusammensetzte, glaubte er, sechzigjährig, glaubte er eigentlich schon seine erfolgreichsten Berufsjahre als findiger Geschäftsmann hinter sich zu haben. Doch seine Innovationskraft hatte er auch im Alter nicht verloren. Er war vom Geist des aufkommenden Automobils ergriffen. Aber anders als die meisten Pioniere jener Jahre, widmete er sich der vorwiegend „nützlichen" Seite, sprich dem Lastentransport, statt dem vorherrschenden Bau von herrschaftlichen Fortbewegungsmitteln. Solide und fortschrittliche Konstruktion waren von Anbeginn die Tugenden der Büssing-Lastwagen. Gepaart mit dem Geschäftssinn des Unternehmers gelang es, frühzeitig große Verbreitung zu erfahren, auch weit über Deutschlands Grenzen hinaus.

Die Blüte seines späten aber erfolgreichsten Unternehmens sollte Heinrich Büssing jedoch nur noch ansatzweise erleben. Als Inhaber von über 90 Patenten starb er 1929 gerade in jener Zeit, als sich die Marke mit dem Braunschweiger Löwen unangefochten an die Nummer Eins der Zulassungszahlen setzte. Nicht nur mit seinen Subventionslastern vor dem Ersten Weltkrieges hatte Büssing Maßstäbe gesetzt. 1926 gelang der große Durchbruch mit der Entwicklung des ersten Dreiachs-Lastwagens, dessen beide angetriebenen Hinterachsen Patentschutz erhielten und damit die Konkurrenz weit zurückfallen ließ. Im Schwerlastwagenbau sicherte sich damit Büssing für lange Zeit die unstrittige Spitzenposition. Die starke Innovationskraft war für die Braunschweiger Marke Usus. In den dreißiger Jahren wartete Büssing nicht nur mit

Intensive Kontrollen fanden aus nichtigsten Gründen statt. Erst nach dem Transitabkommen aus dem Jahre 1972 entspannte sich die Lage etwas.

einem kompletten Baukastenprogramm von Dieselmotoren auf, wurde zum Schrittmacher für die Frontlenkerbauweise, sondern glänzte mit einem kompletten Nutzfahrzeugprogramm vom kleinen 1,5 to Schnelllastwagen bis hin zum dreiachsigen Schwerlastfahrgestell mit 9 to Nutzlast und dem Omnibusbau, deren Spitzen in Berlin als Doppeldecker oder als doppelmotorige, 320 PS starke Linienbusse bei der Kraftverkehr Freistaat Sachsen A.-G. liefen. Die sehr erfolgreiche Baureihe leichter Lastwagen hatte Büssing im übrigen im Zuge zahlreicher Übernahmen von den Leipziger Dux-Werken geerbt und konsequent weiterentwickelt. Seit der Fusion 1931 mit der Berliner NAG (Nationale Automobil AG), einer AEG-Tochter für den Automobilbau, die mit ihrem umfangreichen Modellprogramm zu den größten deutschen Automobilfabriken gehörte, waren auch die sächsischen Marken Presto und Dux sowie die Berliner Protos-Werke mit zu Büssing gekommen. Aber keine der traditionsreichen Personenwagen-Vermächtnisse

Dieser Aufkleber vom Bund des Deutschen Güterfernverkehrs gehörte irgendwie dazu.

Der Sechs-Zylinder-Dieselmotor wurde liegend auf der linken Fahrzeugseite angeordnet.

wurde unter Büssing-NAG weitergeführt. Man konzentrierte alle Kräfte auf den Nutzfahrzeugbau, was sich in einer marktführenden Position widerspiegelte, die selbst Daimler-Benz nicht zu brechen vermochte.

Schon in den dreißiger Jahren hatte sich Büssing-NAG intensiv mit der Entwicklung des platzsparenden Unterflurmotors beschäftigt. Trotz Zerstörungen und teilweisem Verlust der Werke, erhielt Büssing in Braunschweig schon im April 1945 die Genehmigung der Alliierten, den Bau von Lastwagen wieder aufzunehmen. Die im Osten gelegenen Werke und damit auch das Kapital von NAG waren verloren, was dazu führte, ab Jahresbeginn 1950 den Zusatz „NAG" wieder wegfallen zu lassen. Die im Mai 1945 wieder angelaufene Fertigung umfasste zunächst den Fünftonnen-Pritschenwagen und das davon abgeleitete Trambus-Fahrgestell. Auch durch die Fortführung der Frontlenkerbauweise ermutigt, zeigte man schon 1949 auf der Hannover Exportmesse das Trambus-Fahrgestell 5000 TU mit liegendem Unterflurmotor. Auf dieser Basis entstanden auch Lastwagen. Aufsehen erregte dann zwei Jahre später ein gigantischer Zwölftonnen-Dreiachser mit einem 175 PS starken Unterflurmotor. Doch ein wirtschaftlicher Erfolg wurde dieser nicht.

Es folgten weitere Versuche, zunächst bei einem Viertonner, dann beim Siebeneinhalbtonner, wo Büssing mehr Käufer gewinnen konnte. In Braunschweig verstand man es zudem, komfortable, geräuscharme Fahrerhäuser anzubieten. Gepaart mit den jeweils besten Motorleistungen und der für die Marke bekannten Qualität waren die Büssing-Wagen auch nach dem Krieg vorbildlich und in den Verkaufsstatistiken stets weit vorn.

Im Bereich der Fernverkehrs-Lastwagen demonstrierte ab 1967 die Reihe BS 16 den Höhepunkt der Büssing-Unterflur-Ära. Neben dem schon 1965 vorgestellten kubischen Fahrerhaus nach Lepoix-Entwurf wartete Büssing mit technischen Leckerbissen und ständigen Verbesserungen auf: 240 PS-Direkteinspritz-Unterflur-Diesel, erstmalig im Nutzfahrzeugbau verwendete elastische und wartungsfreie Parabelfedern mit Teleskopstoßdämpfer und Stabilisator, serienmäßige Zentralschmierung, ab 1969: Einzelzylinderköpfe mit wartungsfreien Stahlsicken-Zylinderkopfdichtungen, auf Wunsch Abgas-Turbolader, Armaturenbrett ganz aus Polyester mit Kunstlederüberzug, geteilte und im oberen Teil geneigte Lenksäule, auf Wunsch pneuma-

Eine richtige Motorbiene macht auch vor einem Unterflurmotor nicht Halt.

tisch fernbediente Differentialsperre sowie Rollbalg-Luftfederung und 9-Gang-Allklauen-Schaltgetriebe mit synchronisierter Gruppenschaltung.
Obwohl sich die Büssing-Lastwagen und –Omnibusse bestens verkauften, geriet das Werk schon Ende der fünfziger Jahre zunehmend in finanzielle Zwänge. Bei genauerem Hinsehen war dafür vor allem der gelobte Unterflurmotor verantwortlich, denn er barg einen wesentlichen Nachteil. Für den Einbau in Kipper eignete er sich nur wenig, bei Allradfahrzeugen sowie Sattelzugmaschinen überhaupt nicht. Das zwang Büssing, parallel noch herkömmlich stehende Triebwerke anzubieten. In der Übergangszeit vom Haubenwagen zum Frontlenker musste man in Braunschweig daher nicht nur zwei- sondern sogar dreigleisig fahren. Hohe Kosten in der Entwicklung, der Arbeitsvorbereitung und schließlich auch in der Produktion überschnitten sich zunehmend mit den nicht im erhofften Maße steigenden Verkaufszahlen. Die Krise zwang zu starken Partnern, um etwa 6.000 Beschäftigte aufzufangen. Rettung zeigte sich in Gestalt der bundeseigenen Salzgitter AG, die 1962 erste Beteiligung aufnahm und schließlich 1968 die Familie Büssing gänzlich aus-

Weit heruntergezogene Trittstufen erleichterten das Aus- und Einsteigen ungemein.

zahlte. Ab 1964 fuhr Büssing jährlich empfindliche Verluste ein, die bis 1971 ein Volumen von 450 Millionen DM erreichten und damit dem Mutterkonzern beträchtliche Schwierigkeiten bereitete. Infolge dessen gab die Salzgitter AG seinen Lastwagenbauer Büssing an den Konkurrenten MAN ab, der 1971 letztendlich Hausherr über die traditionsreiche Marke wurde. Dessen Wurzeln reichten weiter zurück und waren lange erfolgreicher, als der Lastwagenbau von MAN. Dennoch oder gerade deshalb verschwand unter Regie der Münchener die Marke Büssing recht schnell, ohne jedoch aus dem Gedächtnis vieler Mitmenschen zu entschwinden. Allein das fortgeführte Büssing-Markenzeichen, der Löwe, erinnert noch heute bei MAN-

Lastwagen an die Übernahme des wohl innovativsten deutschen Lastwagenbauers.

Detlef Büssy hat als Westberliner eine besondere Beziehung zum Straßentransport der von Teilung und Blockade geläuterten Stadt und uns deshalb seinen BS 16 L nicht nur an den Grenzübergang Helmstedt-Marienborn sondern auch nach Dreilinden gefahren. An den einstigen Grenzübergängen beiderseits der Transitstrecke durch die DDR waren Lastzüge wie dieser Büssing in den siebziger Jahren alltäglich, genauso alltäglich wie die Repressalien des „Arbeiter- und Bauern-Staates" gegenüber ihrem eigenen, eingesperrten Volk sowie den Bundesbürgern, die Güter von Westdeutschland nach West-Berlin transportieren wollten. Wenngleich typisch, dürfte gerade Büssys Büssing eher selten im innerdeutschen Transitverkehr unterwegs gewesen sein. Über den österreichischen Able-

Das Fahrerhaus des Unterflur-Büssing war aufgrund des unter die Ladefläche verbannten Motors besonders geräumig und leise.

Die 40-Tonnen-Mütze gehörte zur Grundausstattung eines Kapitäns der Landstraße.

Büssing BS 16 L

Grenzgänger

Das Braunschweiger Wappentier – der Löwe – zierte das Büssing-Emblem.

ger Fross-Büssing in Wien wurde der Wagen 1969 ausgeliefert. Die Wiener Dampfmühle Brach & Lessing setzte den Pritschenwagen bis 1988 ein. Danach lief er bei einer anderen Mühle im niederösterreichischen Poysdorf weitere neun Jahre und wurde schließlich, seit zwei Jahren abgestellt, 1999 durch die Familie Büssy entdeckt und erworben. Nach erbarmungslos langem Einsatz und der anschließenden Standzeit hatte der Lastwagen trotz seines verhältnismäßig jungen Baujahres schon erheblich gelitten. Ein großes Loch in der Front musste bei der Überführung von Niederösterreich nach Berlin mit einer Folie abgedeckt werden, damit die Polizei nicht darauf aufmerksam würde. Zwischen Mai 2002 und September 2003 unterzog sein Besitzer den BS 16 etappenweise der Aufbereitung, wobei die Getreideschütten unter der Pritsche für den entstehenden Fernverkehrslaster zurückgebaut wurden. Das Bild vervollständigte anschließend ein 1965-er Hendricks-Anhänger mit Plane. Er wurde von Büssy 2004 in schlechtem Zustand von einer Fahrschule erworben und im Anschluß ebenfalls gründlich restauriert.

Um Berlin in westlicher Richtung zu verlassen, fuhr man über den Grenzkontrollpunkt Dreilinden.

Daten & Fakten: Büssing BS 16 L Pritschenwagen

▶ **Motor:**
Reihen-Sechszylinder-Viertakt-Unterflur-Dieselmotor mit Direkteinspritzung (ab 1967: auf Wunsch mit Abgas-Turbolader), Fabrikat Büssing, Typ U 12 D (ab 1969: U 11 D oder U 12 D oder U 12 DA), wassergekühlt, Bohrung 132 mm (Typ U 11 D: 128 mm), Hub 150 mm, Hubraum 12.316 ccm (Typ U 11 D: 11413 cm_), Leistung 240 PS bei 2200 U/min (Typ U 11 D: 210 PS bei 2100 U/min, Typ U 12 DA: 280 PS oder 310 PS (ab 1971: 320 PS) bei 2200 U/min)

▶ **Kraftübertragung/Antrieb:**
Sechsgang-Getriebe mit Vorschaltgruppe (ab 1969: 6 oder 2 x 6 oder bei Motor U 12 DA auch mit 9 Gängen), Hinterradantrieb

▶ **Fahrwerk:**
Leiterrahmen, Starrachse vorn und hinten, elastische und wartungsfreie Parabelfedern mit Teleskopstoßdämpfer und Stabilisator (ab 1969: auf Wunsch Rollbalg-Luftfederung), druckluftbetätigte hydraulische Zweikreis-Fußbremse, Trilex-Speichenräder oder Stahlblech-Scheibenräder, Bereifung 12.00-20 (hinten zwillingsbereift)

▶ **Maße/Gewicht:**
Länge 7840 oder 8300 mm, Breite 2500 mm, Höhe 2710 mm (ab Mitte 1968: 2743 mm, mit Schlafkabine: 2913 mm), Radstand 4800 oder 5250 mm, Eigengewicht 7400 bis 7500 kg (ab 1969: 7130 bis 7710 kg), Nutzlast 8500 bis 8600 kg (ab 1969: 8290 bis 8870 kg)

▶ **Fahrleistungen/Verbrauch:**
Höchstgeschwindigkeit 86-92 km/h; Verbrauch nicht angegeben

▶ **Bauzeit/Stückzahl:**
1967 – 1971, Stückzahl nicht bekannt

Der Berliner Osthafen war einer der Umschlagspunkte für Waren und Rohstoffe aus Ost und West.

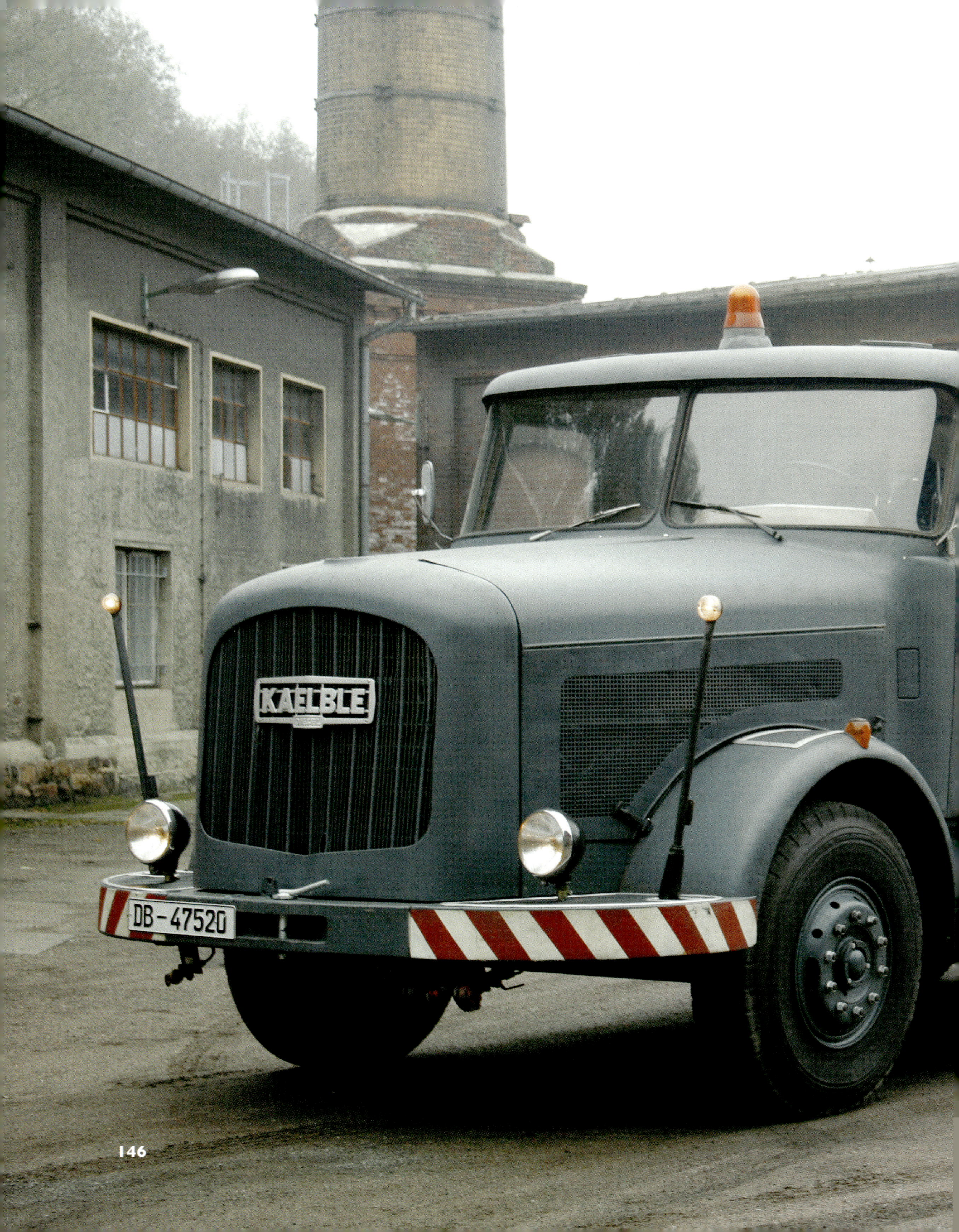
KAELBLE
DB - 47520

Kaelble K 632 ZB/15

Culemeyers Liebling

An die schwäbische Marke Kaelble erinnert sich so gut wie niemand mehr, ebenso wenig an den jahrzehntelang zum alltäglichen Straßenbild gehörenden Transport von Eisenbahnwaggons auf Culemeyer-Tiefladern. Beide sind faszinierende Klassiker, die heute selbst auf einschlägigen Veranstaltungen nur äußerst selten zu sehen sind. Mit diesem Kapitel des Schwertransports soll die vorliegende Nutzfahrzeug-Dokumentation ihren Abschluss finden.

Diesem Kaelble sieht man die Kraft förmlich an. Die kurze, gedrungene Bauform war typisch für Straßenzugmaschinen. Das machte sie sehr wendig.

Der Hannoveraner Ingenieur Johann Culemeyer (1883-1951) war 1936 zum Direktor der Deutschen Reichsbahn avanciert und im Rahmen seiner Position für die Fahrzeugbeschaffung verantwortlich. Sie betraf nicht nur schienengebundene Wagen, sondern auch Straßenfahrzeuge. Die Eisenbahn als dominierendes Transportsystem für Personen und Güter hatte von Anbeginn den Nachteil, sich nur ungenügend auf individuelle Kundenerfordernisse einrichten zu können. Güterbahnhöfe als Umschlagzentren waren der Normalfall; teilweise wurden auch Anschlussgleise, Nebenstrecken oder Schmalspurbahnen eingerichtet, um dichter an die Haustür wichtiger Kunden zu gelangen. Das Automobil schien allenfalls eine Ergänzung als Verteilerfahrzeug darzustellen – eine Konkurrenz zur Bahn war es nicht. Bei den geringen Nutzlasten der ersten Lastwagen war an Ferntransporte anfangs nicht zu denken. Automobile ersetzten bis etwa 1912 vorerst einmal das Pferdefuhrwerk. Noch in den zwanziger Jahren erwiesen sich Lastwagen als nicht leistungsfähig genug, flächendeckend eine Alternative zum Bahntransport darzustellen.

Seitens der Bahn machte man sich damals Gedanken, Umladevorgänge zu vereinfachen. Doch lange bevor der Containerverkehr sich etablierte, lautete Direktor Culemeyers einfache Devise: „Wir bringen den Waggon auch ohne Gleis zum Kunden!" Die Umsetzung seiner Idee war genial. 1931 hatte er einen Straßenroller konstruiert, der bei extrem niedriger Bauweise das Schultern ganzer Bahnwaggons erlaubte. Zunächst auf vier, ab 1935 dann auf sechs Achsen mit 16 beziehungsweise 24 Vollgummirädern beförderte

Der Straßenroller der Bauart „Culemeyer" im unbeladenen Zustand. Der Eisenbahnwaggon wurde mit Hilfe einer Seilwinde auf das Fahrzeug gezogen und dort mit Vorlegeklötzen verkeilt. Das Abladen vollzog sich in umgekehrter Reihenfolge. Auch schwere Lasten bis zu 40 to wurden mit dem „Culemeyer" transportiert.

man Güterwagen zum Be- und Entladen zu Fabriken, die über keinen Gleisanschluss verfügten. Ein ausgeklügeltes kinematisches System sorgte für die gleichmäßige Lastverteilung, so dass auf jedes der kleinen Räder maximal 2,5 to Einzellast kam, gut für ein Gesamtgewicht von 40 to. Trotz der geringen Bauhöhe überwand der Tieflader Bodenunebenheiten bis zu 30 cm. Unter dem Namen seines Erfinders wurde der Straßenroller bald recht bekannt und war bei der Reichsbahn häufig anzutreffen. Der „Culemeyer" wurde zum fahrbaren Anschlussgleis, wie die Bahn zu werben wusste.

Doch der Straßenroller bedurfte einer starken Zugmaschine. Pferde waren kaum in der Lage, derartige Lasten über die noch unzulänglichen Straßen zu ziehen. Lastwagen mit niedrigen Untersetzungen wurden gebraucht, am besten speziell dafür gebaute Schwerlast-Zugmaschinen. Kein anderer als der 1884 in Backnang gegründete und später als Carl Kaelble GmbH firmierende Fahrzeugbauer war gerade für solche Geräte bekannt. Mit starker Affinität zum Straßenbau lieferte Kaelble schon kurz nach der Jahrhundertwende Steinbrecher, nach dem Ersten Weltkrieg Straßenwalzen und später auch weitere Baumaschinen. 1906 entstand ein erstes Lkw-Chassis und Jahr darauf der erste komplette Lastwagen. Seit 1903 hatte der Bau eigener Motoren für den Anschub gesorgt, auch in den Bau von Lastwagen einzusteigen. Ein Aufruf der Heeresverwaltung zur Lieferung von Artillerie-Zugmaschinen verstärkte 1911 das Interesse bei Kaelble, in diesem Bereich intensiver tätig zu werden.

Nach dem Ersten Weltkrieg kam das schwäbische Unternehmen mit verschiedenen Acker- und auch Straßenschleppern auf den Markt, mit denen die Marke sich treue Kundschaft sicherte. Als die Gothaer Waggonfabrik 1932 den ersten Culemeyer fertigstellte,

Wenn der Transport an einem Gleisanschluß ankam, wurde die Verriegelung gelöst. Der Waggon rollte dann durch Schwerkraft oder über Umlenkrollen von der Seilwinde gezogen vom Tieflader.

Kaelble K 632 ZB/15
Culemeyers Liebling

ergab es sich fast zwangsläufig, dass bei der Suche nach einer Zugmaschine die Wahl auf Deutschlands stärkstes Modell, die 60 PS leistende Kaelble Z 4, fiel. Von nun an setzte sich eine enge Zusammenarbeit zwischen der Reichsbahn und dem Backnanger Unternehmen fort. Sie gipfelte 1936 in der Entwicklung der stärksten Straßenzugmaschine der Welt, der 200 PS starken Kaelble Z 6 R 3 A mit zwei gelenkten Achsen und modernem Frontlenker-Fahrerhaus. Vor allem aber wurden die kleinen und mittelgroßen Zugmaschinen für Kaelble ein Erfolg. Dass die Schwaben seit 1936 auch „normale" Lastwagen bauten, wurde dabei fast übersehen.

Der Lastwagenbau schien bei Kaelble nie ganz aus dem Schatten der Zugmaschinen herauszukommen; 1963 wurde er schließlich aufgegeben. Die Nachkriegsära war im besonderen durch die Fortführung der Zugmaschinenproduktion gekennzeichnet, wobei es Kaelble verstand, trotz vergleichsweise geringer Stückzahlen ein Baukastensystem zu entwickeln, womit sich das breite Spektrum an Leistung und Nutzlast abdecken ließ. Anhaltend umfangreiche Bestellungen der Deutschen Bundesbahn sicherten für viele Jahre neben dem ebenfalls vorherrschenden Export der Firma das Auskommen. Zu den beliebten Zugmaschinen der Bundesbahn gehörte in den fünfziger Jahren das Kaelble-Modell K 631 ZR. Das „ZR" stand dabei für Zugmaschine Reichsbahn. In der Kaelble-Typologie sollte sich die Reichsbahn noch lange halten, obgleich die in der DDR weiterhin existierende Reichsbahn längst keine Zugmaschinen mehr aus Backnang bekam, sondern von den tschechischen Tatra-Werken. Erst 1962 mit der Einführung einer verbesserten K 632 ZB wurden dem westlichen Wandel zur Bundesbahn auch bei Kaelble Rechnung getragen. Die neue zweiachsige Straßenzugmaschine verfügte im Vergleich zu ihrem Vorgänger über eine auf 180 PS

Beim Beladevorgang kam man ohne Umlenkrollen aus. Der Kesselwagen hängt direkt am Stahlseil der Seilwinde des Kaelbles.

Die gut 20 to eines beladenen Kesselwagens stellten für die Seilwinde des Kaelbles kein Problem dar.

Kaelble K 632 ZB/15
Culemeyers Liebling

gesteigerte Leistung; 150 PS hatten sich im Verlauf der fünfziger Jahre als zu gering erwiesen, um im schneller werdenden Verkehr kein Verkehrshindernis zu sein. Standardmäßig besaßen die K 632 ZB Hinterradantrieb. Auf Wunsch gab es auch die KV 632 ZB. Das „V" in der Typenbezeichnung deutete auf Vorder- und damit Allradantrieb hin. Der zunehmende Wunsch nach stärkerer Motorleistung veranlasste Kaelble, die größtenteils im Straßenroller-Einsatz der Bundesbahn anzutreffenden Zugmaschinen ab 1964 mit einem Turbolader auszustatten, der für 230 PS Leistung sorgte. Mit Übergang vom Vorkammer-Prinzip zur Diesel-Direkteinspritzung leistete der Sechszylinder dann ab 1968 satte 270 PS. Mit der am hinteren Rahmenende installierten Seilwinde trug Kaelble dem Culemeyer-Einsatz bei der Bundesbahn Rechnung.

1971 verließen die letzten K und KV 632 ZB die Werkshallen in Backnang. Der rückläufige Einsatz von Culemeyern zugunsten des sich immer mehr durchsetzenden Containerverkehrs hatte die Bestellungen der Bundesbahn stetig sinken lassen. Trotz verschiedener Baureihen lohnte sich der aufwendige Bau eigener Motoren bei Kaelble jetzt nicht mehr und wurde eingestellt. 1972 erteilte die Bundesbahn ihre letzten Lieferaufträge über 17 zweiachsige Zugmaschinen für den Straßenroller-Transport. Sie wurden von 320 PS leistenden Zehnzylinder-Motoren von Daimler-Benz angetrieben und trugen die Bezeichnung K bzw. KV 633 ZB/16.

1953 hatte Kaelble die nach dem Schrägstrich am Ende des Bezeichnung stehende Nennung des Lieferjahres zugunsten einer Seriennummer geändert. Demnach gehörten die K und KV 633 ZB der sechzehnten Serie an. Unser Fotomodell, eine K 632 ZB/15 von 1971 gehört also zur fünfzehnten und damit letzten Serie von Bundesbahn-Zugmaschinen mit dem hauseigenen Kaelble-Motor. Immerhin stand sie bis 1989 im Dienst der Deutschen Bundesbahn, anschließend war sie bis 2005 im Besitz von Horst Mergens aus Hermeskeil. Heute befindet sie sich sozusagen im Hoheitsgebiet der einstigen Reichsbahn im vogtländischen Ellefeld. Das bekommt ihr ausgezeichnet. Die

Das einzig schmückende Element am Kühlergrill des K 632 war das Firmenschild. Ansonsten nur schnöde Zweckmäßigkeit.

153

Zwei Mann waren nötig, um an den gewaltigen Motor zu kommen.

Spedition Poller erwarb den für ostdeutsche Verhältnisse exotischen Kraftprotz und unterzog ihn dank guter Erhaltung einer nur leichten Auffrischung. Mit Neulackierung der Pritsche samt Bordwänden, dem Aufbau einer neuen Plane und Aufziehen neuer Reifen war das meiste getan. Fahrerhaus, Haube und Kraftstrang beließ man in verdienter Patina.

Wer jedoch glaubt, mit dem Nachfolger K und KV 633 ZB/16 sei die Ära von Kaelble zu Ende gewesen, der irrt. Noch bis 1984 wurden in Backnang serienmäßige Zugmaschinen ausgeliefert. Sie waren mit den Jahren immer spezieller, immer stärker geworden, ihren Stückzahlen jedoch immer kleiner. Zuletzt fertigte man maßgeschneiderte Einzelstücke auf Bestellung, und 1993 verließ eine letzte Geländezugmaschine das Werk. Die Unternehmerfamilie hatte sich schon Ende der siebziger Jahre weitgehend aus der Firma zurückgezogen und die Geschäftsführung fremden Händen anvertraut. Rückgänge in allen Tätigkeitsfeldern der Zugmaschinenfertigung bis hin zu Baumaschinen konnten zunehmend nicht mehr allein durch Exporte aufgefangen werden. Ende der achtziger Jahre gingen

Durch dieses monströse Röhrensystem bezog der Sechszylinder seine Frischluft.

Kaelble K 632 ZB/15
Culemeyers Liebling

In der Kabine fand eine Mannschaft von drei bis vier Leuten Platz.

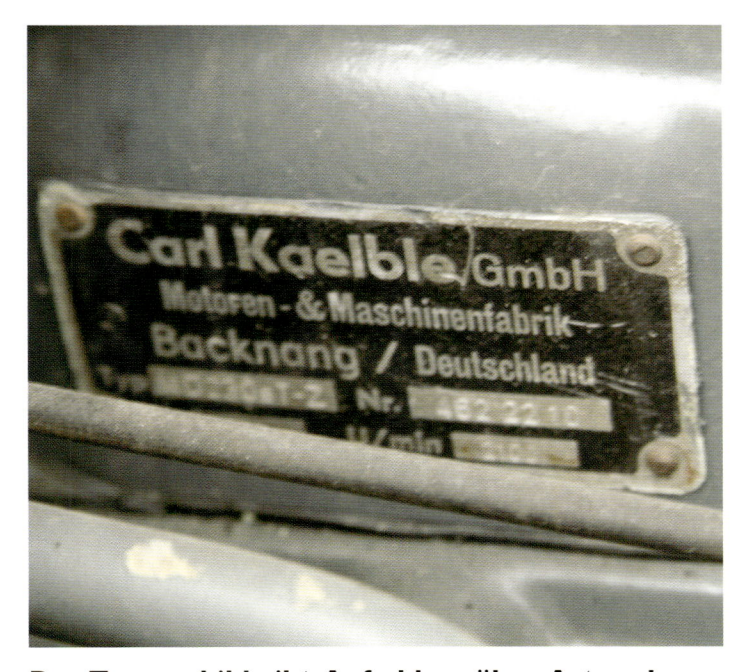

Das Typenschild gibt Aufschluss über Art und Herkunft des K 632.

Bei Straßenfahrzeugen der Deutschen Bundesbahn war der „DB-Keks" gelb.

Lange Zeit waren die Straßenfahrzeuge der Bundesbahn in diesem schmucklosen Grau gehalten.

immerhin 60 Prozent der Fertigung nach Libyen. Weil man Staatschef Gaddafi Verwicklung im Terrorismus vorwarf, folgte die weltpolitische Isolierung Libyens durch Handelsembargos. Das versetzte dem schwäbischen Traditionsbetrieb den Todesstoß. Dennoch lebt die Marke im Baumaschinen-Segment weiter, nachdem 1997 aus den Scherben des Konkurses in bescheidenem Rahmen eine neue Kaelble Baumaschinen GmbH erwachsen ist. ◀

Daten & Fakten: Kaelble K 632 ZB/15 Schwerlast-Zugmaschine

▶ **Motor:**
Reihen-Sechszylinder-Viertakt-Vorkammer-Dieselmotor (ab 1964: mit Abgas-Turbolader, ab 1968: Direkteinspritzung mit Abgas-Turbolader), Fabrikat Kaelble, Typ M 130 sT (ab 1964: M 230 sT, ab 1968: MD 230 sT), wassergekühlt, Bohrung 130 mm, Hub 150 mm, Hubraum 11.945 ccm, Leistung 180 PS bei 2000 U/min (ab 1964: 230 PS bei 2100 U/min, ab 1968: 270 PS bei 2100 U/min)

▶ **Kraftübertragung/Antrieb:**
Sechsgang-Getriebe, Hinterradantrieb

▶ **Fahrwerk:**
Leiterrahmen, Starrachse vorn und hinten, Druckluft-Fußbremse, Stahlblech-Scheibenräder, Bereifung 12.00 R 20 (hinten zwillingsbereift)

▶ **Maße/Gewicht:**
Länge 6070 mm (ab 1964: 6400 mm, ab 1968: 6435 mm), Breite 2500 mm, Höhe 2500 mm (ab 1964: 3120 mm, ab 1968: 3210 mm), Radstand 3500 mm, Eigengewicht 8900 kg (ab 1964: 10500 kg), Nutzlast 6100 kg (ab 1964: 4900 kg), max. Zuggewicht im 1. Gang auf der Ebene: 285 t

▶ **Fahrleistungen/Verbrauch:**
Höchstgeschwindigkeit 67-75 km/h; Verbrauch nicht angegeben

▶ **Bauzeit/Stückzahl:**
1962 – 1971, 130 Stück (davon 122 für die Deutsche Bundesbahn) sowie 87 Stück der Allradvariante KV 632 ZB (davon 75 für die Deutsche Bundesbahn)

Die Vollgummibereifung ließ eine maximale Höchstgeschwindigkeit von 8 km/h zu, bei Leerfahrten 16 km/h.

Quellenverzeichnis

Alle Lastwagen von Henschel,
Karl-Heinz Hesse/Henning A. Bauer, Verlag Klaus Rabe, Köln, 1996

Alle Lastwagen von Krupp,
Karl-Heinz Hesse, Verlag Klaus Rabe, Köln, 1994

Alle Traktoren von Hanomag,
Klaus Tietgens, Verlag Klaus Rabe, Köln, 2000

Der Zukunft ein Stück voraus – 125 Jahre Magirus,
Klaus Rabe, ECON Verlag, Düsseldorf, 1989

Deutsche Last- und Lieferwagen, Band 2,
Werner Oswald, Motorbuch Verlag, Stuttgart, 2004

Deutsche Lieferwagen,
Wolfgang H. Gebhardt, Motorbuch Verlag, Stuttgart, 1998

Die deutschen Lastwagen der sechziger Jahre, Band 1
Büssing, Faun, Hanomag, Henschel, Bernd Regenberg, Verlag Podszun-Motorbücher, Brilon, 1991

Die deutschen Lastwagen der sechziger Jahre, Band 2
Kaelble, Krupp, Magirus, MAN, Mercedes, Opel, Bernd Regenberg, Verlag Podszun-Motorbücher, Brilon, 1991

Iveco,
Raffaele Sanguineti/Carlo Felice Zampini Salazar, Motorbuch Verlag, Stuttgart, 1995

Kaelble – Lastkraftwagen und Zugmaschinen,
Joachim Wahl/Alexander Luig, Verlag Podszun-Motorbücher, Brilon, 1999

Das Lastwagen Album Henschel,
Bernd Regenberg, Verlag Podszun-Motorbücher, Brilon, 1999

Die Lastwagen der Wirtschaftswunderzeit, Band 1
Vom Dreiradlieferwagen zum Viereinhalbtonner, Bernd Regenberg, Verlag Podszun-Motorbücher, Brilon, 1992

Die Lastwagen der Wirtschaftswunderzeit, Band 2
Mittlere und schwere Fahrzeuge, Bernd Regenberg, Verlag Podszun-Motorbücher, Brilon, 1986

Lieferwagen- und Lkw-Modellprogramm 1899 – 1996,
Veröffentlichung der Adam Opel AG, Rüsselsheim, 1996

Mercedes-Benz Lastwagen und Omnibusse 1886 – 1986,
Werner Oswald, Motorbuch Verlag, Stuttgart, 1987

Mercedes-Benz Personenwagen 1886 – 1986,
Werner Oswald, Motorbuch Verlag, Stuttgart, 1987

Mit Tempo durch die Zeit,
Matthias Pfannmüller, Autovision-Verlag Günther & Co., Hamburg, 1996

Seit 90 Jahren auf Achse – MAN Nutzfahrzeuge und ihre Geschichte 1915 bis 2005,
MAN Nutzfahrzeuge Gruppe, München, 2005

Truck Profile, Heft 3, Opel ‚Blitz' – Die Geschichte eines legendären LKW-Typs,
Teil 2 – 1945-1975,
Wolfgang Westerwelle, Stengelheim, 2006

Typenkompaß Büssing Lastwagen 1903 – 1971,
Wolfgang Gebhardt, Motorbuch Verlag, Stuttgart, 2001

Typenkompaß Faun Lastwagen 1916 - 1988,
Wolfgang Gebhardt, Motorbuch Verlag, Stuttgart, 2006

sowie Material aus dem Archiv des Verfassers.

Der Bildautor dankt den Mitarbeitern der
Gedenkstätte Deutsche Teilung Marienborn
für die unkomplizierte Zusammenarbeit bei den Aufnahmen an der ehemaligen Grenzabfertigungsstelle Helmstedt/Marienborn.